マンガでわかる心理学

座席の端に座りたがるのは?
幼いころの記憶がないのは?

ポーポー・ポロダクション
Pawpaw poroduction

SB Creative

著者プロフィール

ポーポー・ポロダクション

「人の心を動かせるような良質でおもしろいものをつくろう」をポリシーに、遊び心を込めたコンテンツ企画や各種制作物を手がけている。色彩心理と認知心理を専門とし、心理学を活用した商品開発や企業のコンサルタントなども行っている。著書に『マンガでわかる色のおもしろ心理学』『マンガでわかる色のおもしろ心理学2』『マンガでわかる人間関係の心理学』『マンガでわかる恋愛心理学』『マンガでわかるゲーム理論』『デザインを科学する』（サイエンス・アイ新書）、『今日から使える！「器が小さい人」から抜け出す心理学』『人間関係に活かす! 使うための心理学』『自分を磨くための心理学』（PHP研究所）、『「色彩と心理」のおもしろ雑学』（大和書房）などがある。

本文デザイン・アートディレクション：クニメディア株式会社
カバー・本文イラスト：ポーポー・ポロダクション
アシスタント：川島貴和

はじめに

心理学の書籍は、ちまたにあふれている。興味をもって読んでみたが内容が簡単すぎて、あまり心に残らなかったり、逆に難しすぎてよくわからなかったことはないだろうか。簡単に読めるのはとても大事だが、わかりやすくして内容まで薄くなってしまったら、せっかく興味をもった「心理学」がおもしろいと感じなくなってしまう。それではいけない。本格的な内容も表現次第では簡単に理解できるし、興味もでてくるはずである。そう思い「簡単で手軽に読めて、でも奥が深い」心理学の本をまとめてみたつもりだ。本書は基本的な内容を中心に、複数の心理学者の研究結果や最新の報告を取り入れた「心理学入門書」である。「心の動き」と「人の行動のおもしろさ」を感じていただけるような内容を目指した。手軽にマンガを読んでから、解説を読んでもよいし、その逆でもまったく問題ない。ときとして、いやかなりの確率で、このマンガは本線から脱線する。でも少しでもおもしろいと感じていただけたら、その説明はきっとあなたの心に残ってくれる。

それでは、本書の使い方を簡単に説明する。基本的どこから読んでいただいても結構だが、基本的な心理学の確認のために「序章」をご用意した。心理学の概要と歴史、種類などをとても簡単にまとめている。ここは知っておくほうがもちろんよいが、ここから最初に学ぼうとすると少しうんざりするから簡単にまとめている。

第1章は深層心理と性格心理。ここでは夢のメカニズムや種類を解説。怒ったり、泣いたりすることの意味を説明し、深層心理についてふれている。自分の内面を見つめるきっかけにしてほしい。

第2章は社会心理学。社会の中で人間がとる行動について解説している。困っている人を助けられない心理や行列に並ぶ人の心理を通して、人間の行動を考える。

第3章は恋愛心理学。人はなぜ恋をするのか。どうすれば相手に好意を感じてもらえるのか、夫婦円満に行く仕組みなどを解説している。

第4章は認知心理学。見たり聞いたり覚えたりする人間の行動やおもしろい心理効果を説明している。難解な解説は大胆に取り去り、できるだけかみくだいて解説している。

第5章はいろいろな心理学を紹介。音楽心理学、スポーツ心理学など、おもしろいエピソードを通してさまざまな心理学のジャンルを紹介している。

第6章は心理学応用編。実際にシチュエーションを設定し、使える心理効果を解説している。

つまり本書は読んでいくと

自分を知り（第1章）→相手を知り（第2章）→恋の正体を

知り（第3章）→目や耳の仕組みを知り（第4章）→いろいろな心理効果を知って（第5章）→実践に使える（第6章）という構造になっている。心理学を網羅しているわけではないが、心理効果の一連の流れがご理解いただけると思う。

また著者の専門は色彩心理学なので、ほかの心理学本にはない色彩的なアプローチでの解説も行っている。さらに信頼度を高めるために、医療関係者からもアドバイスをいただいた。サルが表紙でマンガもあって、いかにも怪しい内容に思えるが、内容は期待を裏切らずに怪しい。いや、違う。しっかりとつくり込んで、おもしろい人間の心理効果をよりおもしろく表現したつもりである。

心理学を知ると相手とのコミュニケーションがうまくいくことが多い。対人関係での苦しみが軽減されることも多い。また、それだけでなく、気がつかなかった自分自身の心が見え、自己啓発にもつながるかもしれない。心理学はとてもおもしろい学問だ。

今回もシリーズに引き続き本書のマンガ、イラストには、頭に花をつけたサルたちが登場する。彼らは感情や表現したい色を頭の花の形や色で表現する「ミホンザル」と呼ばれるサルたちである。ニホンザルの亜種だが、くわしい生態はいまだ解明されていない。極めて人間に近い行動を取る稀少な種で、本書の実験や解説のために協力をいただいた。

ポーポー・ポロダクション

マンガでわかる心理学

座席の端に座りたがるのは？　幼いころの記憶がないのは？

ポーポー・ポロダクション

CONTENTS

CONTENTS

序章

心理学とは？

心理学を紹介するのにあたって、まずはいくつかの実例を紹介する。恋愛の心理効果や心理学の概論、歴史を簡単に解説。心理学の背景を知り、心理学のおもしろい世界をここから堪能してほしい。

ロミオとジュリエット効果
～恋は障害があると燃え上がる～

最初に、おもしろい人の行動と心理を紹介する。特に恋愛は、不思議な心理効果の宝庫である。たとえば、恋に落ちた男女はいくつかの障害があるほうが、結びつきが強固なものになるといわれている。ふつうに考えると、お膳立てされた環境で、なんの障害もなく、周囲から祝福されるほうがうまくいくように思える。ところが、両親に反対されるなどの障害があるほうが、2人の愛情は深まる傾向がある。ドラマなどによくあるように恋のライバルなどが登場すると、さらに相手への気持ちが強くなることが多い。これを心理学では、「ロミオとジュリエット効果」と呼んでいる。

『ロミオとジュリエット』は、シェイクスピアの戯曲の1つ。14世紀のイタリアでモンタギュー家とキャピュレット家が抗争を繰り広げるなかで、両家の一人息子ロミオと一人娘ジュリエットが恋に落ち、障害を乗り越えようとする内容である。両親に交際を反対されることはよくあっても、双方の家が抗争している関係とは類い希なる障害である。

好きだが障害で別れなくてはいけないという不協和（不快感）が生じる場合、それを解消しようという心理効果が働く。障害は心理では変えられないので、乗り越えるために恋愛感情のほうが高まってしまう。そして障害を乗り越えようとする力を恋愛の深さと錯覚し、乗り越えた達成感が恋愛感情へとすり替わっていく。

駆け落ちなど大恋愛で結ばれたカップルほど、意外とあっさり離婚したりするのは、そんな背景があるからだ。燃え上がった大恋愛は、悲しいことに強い愛情ではなかったのかもしれない。

恋は障害があるほうが
もりあがる
キラ
障害
順風
キラ
恋
障害を乗り越える力を
愛情の深さと思いこむ
ムキー
これが恋なのね
障害
これをロミオとジュリエット効果
と呼んでいる
オーロミオ…
だから大恋愛をした
カップルの多くは….
家を飛びだしてきたわ
これからはずっと一緒よ
デレ
デレ
数年後に
アナタ….
よく見たら
サル顔ね
まちがいに気がつく….
実家に帰ります!
ん?

タイタニック効果

～さらに特別なシチュエーションが加わると強い効果を生む～

大ヒット映画『タイタニック』に登場するジャックとローズも、障害を越えて強い絆（きずな）で結ばれた。夢をもった画家志望のジャックと上流階級の娘ローズ。特にローズには、資産家の御曹司である婚約者や保守的な両親などが大きな障害になっていた。この作品は『ロミオとジュリエット』をモチーフにしているが、障害に加えて船上という特別の空間が、2人の燃え上がる恋を演出している。障害に加えて、特別なシチュエーションがある場合、われわれはそれを「タイタニック効果」と呼んでいる。

たとえばアマゾンの奥地に行って、偶然すてきな異性と出会った。そんな異性に心を奪われていると、いっしょに行った親友も好意をもっていることが発覚。親友から間に入ってうまくまとめてほしいと頼まれたものの、急速に自分も惹かれていってしまう。しかも、滞在はあと1日……。時間は刻々と過ぎていく。友情は大事。でも好きになっていく気持ちを抑えられない、あぁどうしよう。

そんなシチュエーションは、まさに恋愛のタイタニック効果である。このまま向かっていくと、友情と恋愛の狭間で沈没してしまう危機的状況でもある。

また『タイタニック』のローズは、ジュリエットのように最愛の人を追って自殺するのではなく、ジャックに感化されて強く生きていく道を選ぶ。悲劇で幕を閉じる『ロミオとジュリエット』と違い、強い女性として描かれている。タイタニック効果を使う背景には、たとえどんなシチュエーションで生まれた恋愛でもポジティブにとらえ、強く生きてほしいという願いも込められている。

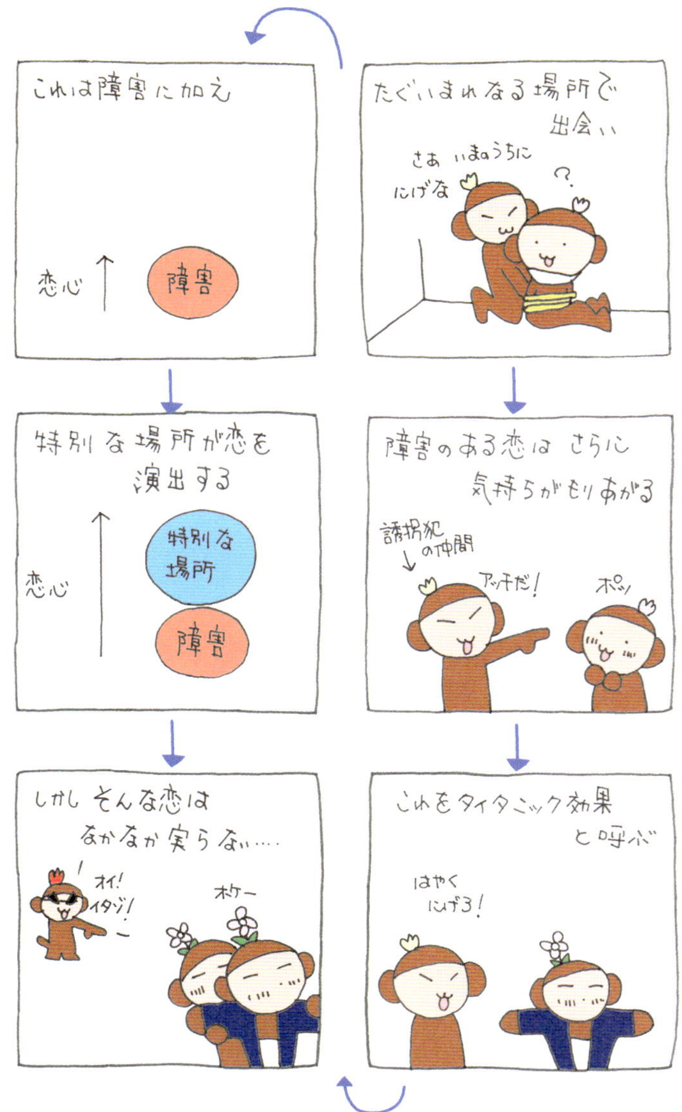
たぐいまれなる場所で出会い
さあ いまのうちに にげな
？
障害のある恋は さらに気持ちがもりあがる
誘拐犯
の仲間
アッチだ！
ポッ
これをタイタニック効果と呼ぶ
はやく にげろ！
これは障害に加え
恋心
障害
特別な場所が恋を演出する
恋心
特別な場所
障害
しかし そんな恋は なかなか実らない….
オイ！ イタゾ！
ホケー

視覚は信用できない？
～視覚をじゃまする人間の心理～

よく「目で見たもの以外は信じない」という言葉を聞くが、悲しいことに人間の視覚は案外頼りない。私たちは非常に多くの情報を視覚から入手している。五感の中で視覚が占める割合は、80%以上といわれている。ところが、その視覚は意外と信頼できない。まずは下の絵を見てほしい。一瞬（約2秒）だけ見て下の文章を読んでほしい。

とあるレストランで、料理に虫が入っていたと激怒するこわもてのお客様と謝るギャルソンの絵である。では、ここで問題。絵の中で誰かがナイフを持っていたが、それは誰だろうか？（絵を再度確認しないで、記憶だけでたどってほしい）

素直に思いだしてみると、多くの人は紫のシャツの人か赤のシャツを着たこわもての人のどちらかというだろう。でも、もう一度見てほしい。実は彼らはなにも持っていない。ナイフはギャルソンが持っていたのだ（ギャルソンと答えた人の洞察力はお見事。後ろのサルと答えた人は考えすぎ）。

これは料理を食べるというシーンから、ナイフを使っているだろうし、外見が怖くて怒っているというシチュエーションから、ナイフは彼らが持っていたに違いないという先入観によるものである。固定概念や常識などが、視覚の記憶までも動かしてしまう。

このケースは、犯罪捜査の目撃者などがよく陥る先入観。実際に犯罪者ふうの人を目撃すると、持ってもいないのに、手に凶器を持っていたなどの証言が加わることがある。これが犯罪捜査を困難にしている要因の1つでもある。人間のイメージは見えないものも想像でつくりだしてしまう。

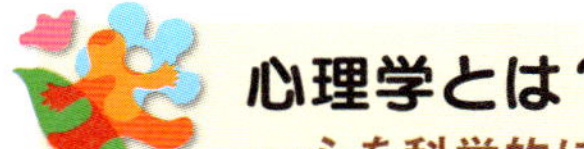

心理学とは？
～心を科学的に研究する学問～

心理学が関わる例を少しだけ説明したが、実際に心理学とはどういうものだろうか？　人は美しい花を見ると美しいと思い、感動的な映画を観て号泣する。これらは心の働きによるものである。心理学を簡単にいうと、人の行動を観察し、行動の理由や原因を分析して心の働きを研究する学問である。もっと簡単にいえば、心を科学的に研究することといえる。

人の心は実に不思議である。好きな人なのに冷たく接したりしてしまう。そうかと思うと、好きでもない相手に、心地よい言葉を並べてしまい、あとでさんざん後悔することもある。そもそも「好き」「嫌い」とはなんなのか？　でも、それらの行動や思考の背景には理由がある。それを知っておくほうが自分のことをよく知ることにもなり、対人関係で多くの問題を回避することができる。相手や自分を知る羅針盤となるのが心理学である。

心理学は非常に多くの場面で使われている。たとえば、新宿のホストクラブ。どのようなアプローチをすれば、相手が喜んでお酒が進み、より高いお酒を入れてくれるのか？　実験と失敗を繰り返しながら、多くのホストたちがボトルキープの道を学んでいる。それこそ、行動から相手の心の状態を探る心理学そのものである。また対人関係だけでなく、災害が起きたときの人間の心理を研究し、適切な避難行動を考えることも行なわれている。さらに犯罪者の心理を研究して犯罪の撲滅や、犯罪者の人格改善などにも使われている。「錯視」のような視覚の錯覚なども扱う。心理学は非常に多くの領域があり、とても奥が深い学問である。

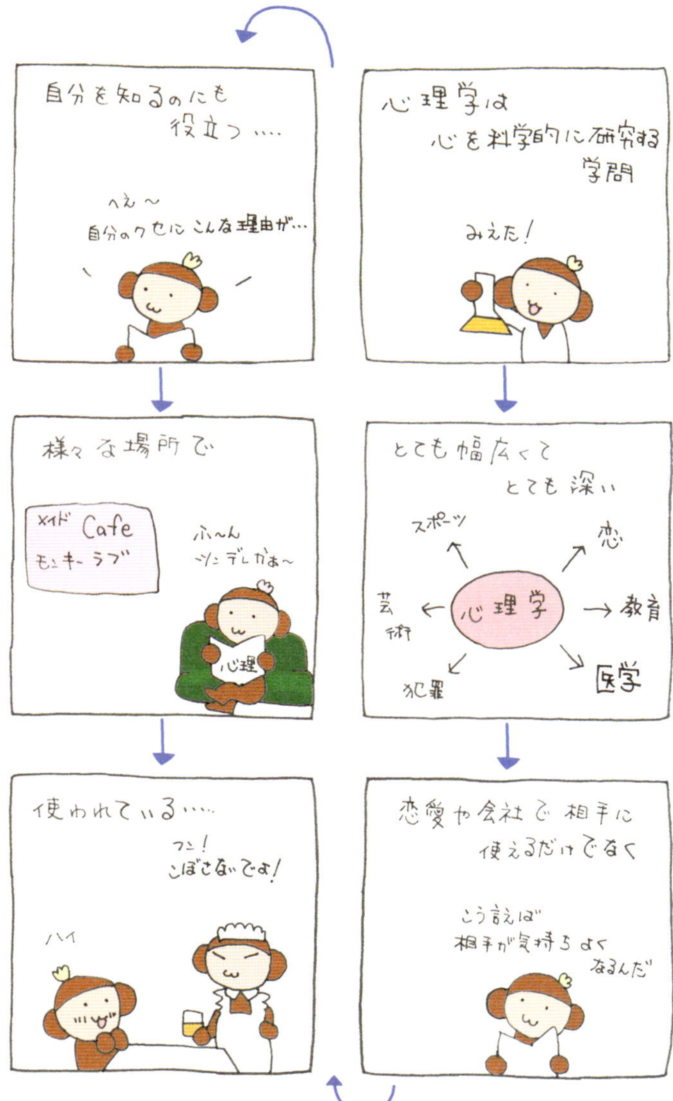
心理学は
心を科学的に研究する
学問
みえた！
とても幅広くて
とても深い
スポーツ
恋
芸術
心理学
教育
犯罪
医学
恋愛や会社で相手に
使えるだけでなく
こう言えば
相手が気持ちよく
なるんだ
自分を知るのにも
役立つ….
へえ～
自分のクセにこんな理由が…
様々な場所で
メイド Cafe
モンキーラブ
ふ～ん
ツンデレかぁ～
心理
使われている….
フン！
こぼさないでよ！
ハイ

心理学の歴史①
～心理学は古代ギリシャ時代から始まった～

1．ギリシャ哲学時代

いつ心理学が生れたかという線引きは難しい。心理学の始まりとして、心を理論的に考えようとしたということであるならば、古代ギリシャ時代までさかのぼる。この時代の心理学は哲学であった。哲学者アリストテレスは目から入った情報は心臓で「心」になると考えていた。またプラトンは、心と体は別のものであり、人間の死後も心はイデア（本質）として残ると考えていた。古代ギリシャ時代に生まれてこなくてよかったと思えるほど、心理学は難解な存在だった。

2．ヴントの登場

19世紀ヴントの登場は、心理学にとって大きな転機である。ヴントは心理学を哲学と切り離し、科学的な実験によって心を研究しようと試みた。ヴントがドイツの大学で心理学実験室（研究室）を開設。すると彼のもとへヨーロッパやアメリカ、日本からも心理学を学ぼうとする人が集まってくるようになった。これが近代心理学の始まりである。

3．3つの心理学流派

ヴントの実験心理学は、その後大きく3派の流れとなっていく。1つはまとまった形態で心をとらえるべきだと提唱したゲシュタルト心理学。もう1つは人の行動の客観的研究を進めたワトソンが提唱した行動主義心理学。そして、フロイトによって誕生した精神分析学である。

ヴィルヘルム・ヴント は
1879年に
心理学実験室を開設
時代は内観法
実験によって心理学を
研究しようとした
これは！
データ
これが学問として
心理学のはじまり
といわれている
心理学
バイ
バイ
哲学
じゃあボクたちのは？
だって
ムズカシイし
哲学だし…
プラトン
アリスト
先生が
イデアとか
言うから…
どうするか
考えるのが
哲学だ！
ケンカ
しない！

心理学の歴史②
～フロイトからユング、アドラーに続く心理学～

4. フロイトの精神分析

フロイトが創始した精神分析は、人の行動の背景に「無意識」というものを考え、心の仕組みの解明と心の治療に応用した。フロイトといえば、現在の心理学でもひんぱんに名前がでてくる有名人だが、当時の学会からはまったく受け入れられない異端児だった。しかしその後、フロイトの精神分析は心理学・医学を越えて、芸術や政治思想などさまざまな分野に影響を与えていく。

5. ユングの分析心理学

フロイトの弟子であるユングは、フロイトの理論に無意識は2種類あると独自の解釈を加えて、分析心理学という理論を展開した。彼の理論では普遍的な無意識に加えて、コンプレックスという個人で異なる後天的な無意識が存在するとした。ユングはフロイトと考えの相違から決別。心理学の枠組みを越えて霊や魂といった領域にまで踏み込んでいく。

6. アドラー心理学

アドラーはフロイトとともに心理学を研究したが、フロイトから離れた心理学者の1人である。アドラーは最初フロイトの精神分析に興味をもったが、その後、精神の内部よりも対人関係に注目した実践的な個人心理学を創始する。特に子供の自立や社会性発達のための方法、高齢者へのケアなどの分野で広く現在でも活用されている。知名度はさほど高くないが、日本でもアドラー心理学（個人心理学）はとても人気が高い。

心理学の歴史

紀元前4世紀

プラトン
BC428ごろ〜347年ごろ
心と体は別で心は死んでも残ると考えていた

アリストテレス
BC384〜322年
知識は心臓に収納されて、それが心の形を形成すると考えた

17〜18世紀

デカルト
1596〜1650年
プラトンの考えを継承。自分の存在と意識を関係づけた

1879年

ヴント
1832〜1920年
哲学ではなく実験から心理的な行動を探ろうとした。近代心理学の始まり

ゲシュタルト心理学
精神の現象を1つのまとまりとして考える

1900年

フロイト
1856〜1939年
精神分析論は、意識よりも無意識に重点を置く考え。なんでも性と関連づけようとして、弟子からも反発された

行動主義心理学
行動を客観的に観察することで、心の動きを調べようとした

ユング
分析心理学。無意識をさらに追求

アドラー
1870〜1937年
個人心理学を創設。現代でも活用されている

臨床心理学　深層心理学　教育心理学　社会心理学

などの心理学に続いていく。実際にはもっと多くの心理学者がいて、カテゴリも複雑に関わりあっているので注意

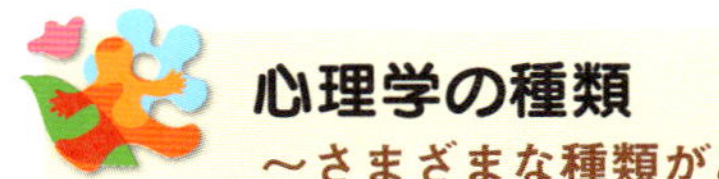

心理学の種類
～さまざまな種類がある心理学～

心理学が哲学と切り離されてから百数十年。わりと新しい学問であるといえる。ところが心理学は、その対象範囲の広さから短時間で多くのジャンルに派生し、さまざまな分野に適応していった。そのため、心理学をどう分類するかは心理学者や書籍などで分類方法や解釈が異なっている。1つの心理効果は、いろいろな心理学とも関係していることが多い。ある心理効果がどのジャンルに分類されるかなどは、あまり重要ではないし、心理学の本質でもない。ここでは1つの参考として、どんな心理学のジャンルがあるか代表的なものを説明する。

■基礎心理学

認知心理学	知覚や記憶を扱う心理学。錯視などもこのジャンル
発達心理学	人の発達のメカニズム、人の成長過程の心理研究など
社会心理学	集団や社会の中で個人や集団の行動を研究している
感情心理学	感情が体に与える影響や感情のメカニズムを研究している

※そのほか、異常心理学、人格心理学、生理心理学、言語心理学などがある

■応用心理学

臨床心理学	心で苦しむ人たちの対処法を考える。医療としての心理学
性格心理学	性格が形成される要因や性格の分類などを研究する
教育心理学	心理学を教育現場に活用。教育効果の向上を目指している
犯罪心理学	犯罪者の心理研究だけでなく、犯罪予防も研究している
色彩心理学	色がおよぼす心理効果を研究。認知心理学に包括されることも

※そのほか、産業心理学／災害心理学／スポーツ心理学／環境心理学／交通心理学／民族心理学／空間心理学／広告心理学などがある

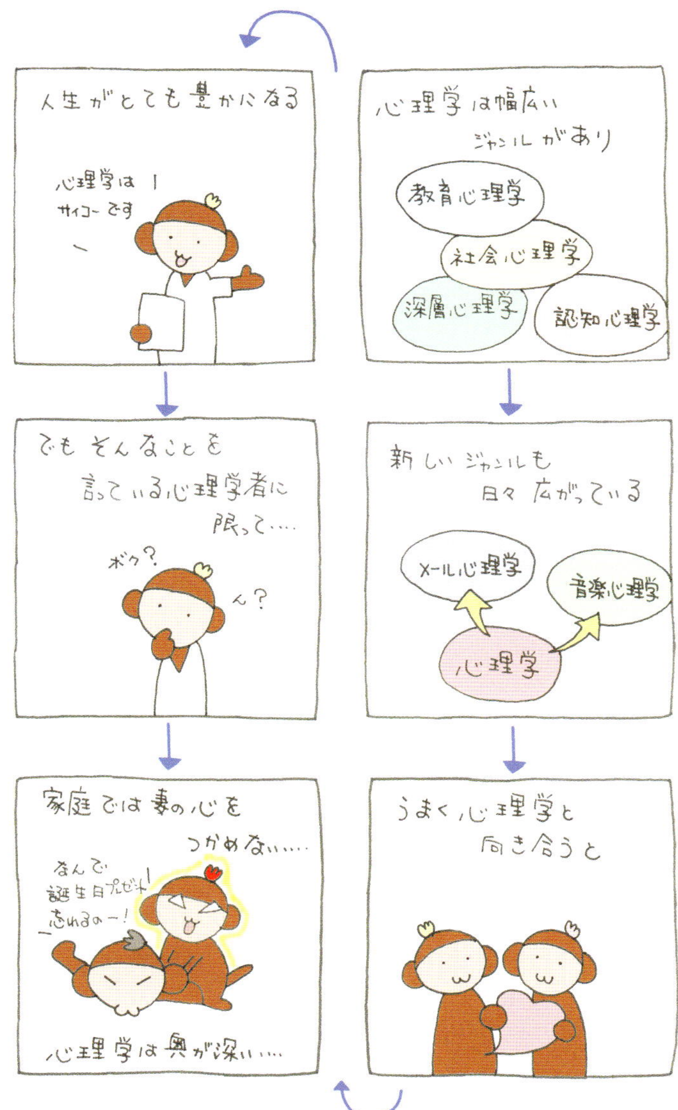
心理学は幅広い
ジャンルがあり
教育心理学
社会心理学
深層心理学
認知心理学
新しいジャンルも
日々広がっている
メール心理学
音楽心理学
心理学
うまく心理学と
向き合うと
人生がとても豊かになる
心理学は！
サイコーです
でもそんなことを
言っている心理学者に
限って……
ボク？
ん？
家庭では妻の心を
つかめない……
なんで
誕生日プレゼント
忘れるの－！
心理学は奥が深い……

第1章

自分の知らない本当の自分

（深層心理学と性格心理学編）

ここではいろいろな角度から自分の深層心理を探り、性格や人の感情について考えてみたい。自分の内面を見つめると、きっと自分の知らない自分が見つかるはず。本当の自分の姿、自分の心はけっこうおもしろい。

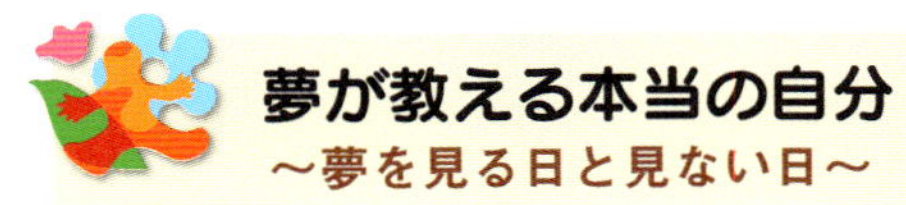

夢が教える本当の自分
～夢を見る日と見ない日～

朝起きると、「夢を見た」という日と「夢を見なかった」という日があるだろう。きっと内容もさまざまのはずだ。しっかりと結末があるケースや、意味も進行もよくわからない夢。夢の中で、何年も会っていない人が突然現れることもある。細部まで覚えていることもあれば、断片的にしか思いだせないこともある。なぜこんな夢を見るのだろうか？

睡眠中は、脳も体も休んでいる状態（ノンレム睡眠）と脳は起きている状態（レム睡眠）が交互にやってくる。夢はこの脳が起きている状態のときに、おもに見るといわれている（最近では脳が休んでいるときにも夢を見ることが確認されている）。

精神分析学者のフロイトによると、人は願望を心の奥底にもっているが、目覚めているときは意識がそれを抑制しているという。ところが、眠った状態になるとそのコントロールが甘くなり、心の奥にある願望が映像化してくる。これが夢である。コントロールが甘くなったとはいえ、制御がなくなったわけではない。自分の意識が過度に刺激を受けるような内容の多くは、ふたたび心の奥底に戻される。これが覚えていない夢といわれている。実は誰でも毎晩夢を見ている。見なかった日というのは、正確には覚えていないだけの話なのである。人は1日平均4～5個の夢を見る。それは1年で約1300個、一生で約10万個にもおよぶ。

人間はとても便利にできている。自分に都合の悪いものは忘れようとする自己防衛の働きがある。つまりほとんど夢を見ないという人は、もしかしたら毎晩悪夢を見ているのかもしれない。

夢を見なかったのではなく
？
覚えていないだけ
人は1日に
4～5個も見る
人生で10万個見て
9万5千個ぐらい忘れる
だからお客のアポを忘れたのは仕方ないって
ハイ
ブチョー
ブチョー
？ ん？
クビ！

夢が教える本当の自分
～人はなぜ夢を見る？～

ではなぜ、願望が映像化してくるのだろうか？　人が夢を見る本当の理由はよくわかっていない。諸説が存在し、活発な議論が展開されている。夢のメカニズムはいまだ研究途中である。

そのなかで有力な説がある。ふだんかなえることができない願望を夢の中で見て、実現した気分になり、欲求不満を解決しているというものである。願望は、心の中に閉じ込めておくままではストレスになる。夢はそれを発散させて心を安定させるためのシステムだという。実際、夢を見ている時間に睡眠を妨害されると攻撃的な性格になったり、感情が不安定になったりする。ほかにも夢は覚醒時に収集した情報を「必要なもの」「不要なもの」に選別して整理し、脳に記憶させるシステムという説もある。

悩んでいることが夢に登場することも多い。夢の中で問題を解決する例もある。たとえばある数学者は、寝ている間に難解な問題を解く。また夢は、体内の危険を知らせることもある。狭心症をもつ人が、自覚症状がでる前に胸をなにかで締めつけられる夢を見るようになったという報告もある。これらのことから、人が夢を見ることは非常に重要であるといえる。

夢は人間だけにかぎった現象ではなく、ほかの哺乳類や鳥類なども夢を見る。犬を飼っている人なら、昼寝をしながら鳴いている現場を目撃したこともあるはずだ。ふだんおなかいっぱい食べられないおやつのジャーキーを山盛りもらった夢を見て、精神を安定させているのかもしれない。夢を見ていそうだなと思ったら、そっと寝かしておいてあげたい。

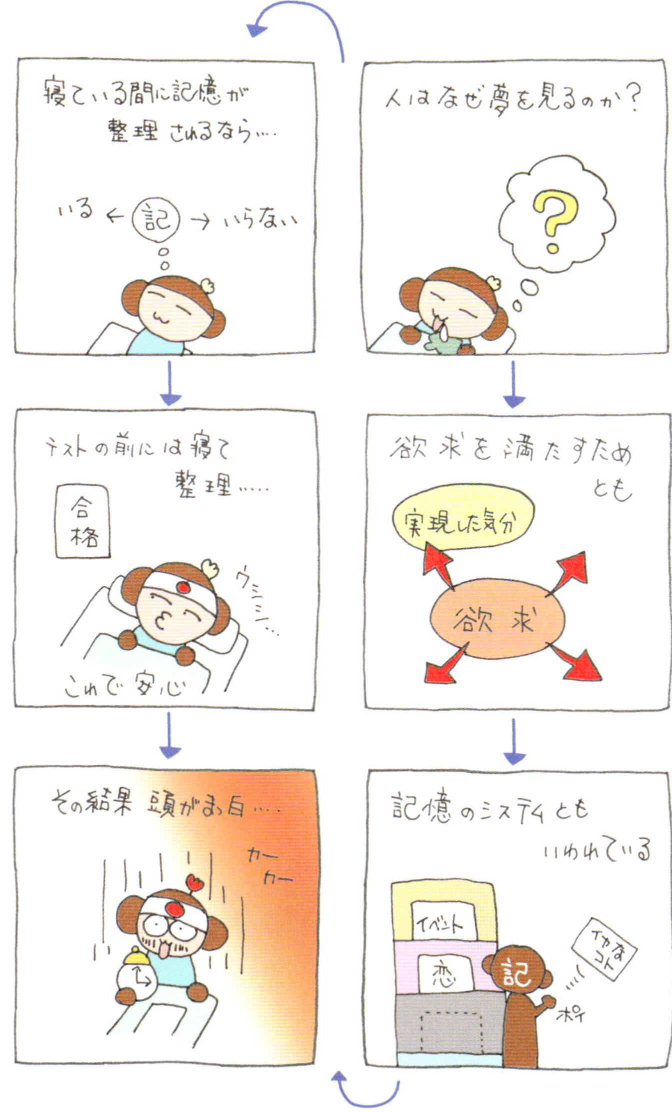
人はなぜ夢を見るのか？
?
欲求を満たすため
とも
実現した気分
欲求
記憶のシステムとも
いわれている
イベント
恋
記
イヤなコト
ポイ
寝ている間に記憶が
整理されるなら…
いる ← 記 → いらない
テストの前には寝て
整理…
合格
これで安心
その結果 頭がまっ白…
カー
カー

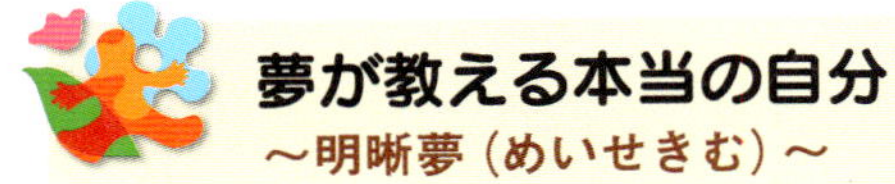

夢が教える本当の自分
～明晰夢（めいせきむ）～

理不尽な内容の夢でもふつうは夢だとは見抜けない。起きてから「そういえば、変な夢だったな」と感じるぐらいである。ところが夢の中で、夢を見ていると気がつくことがある。それを「明晰夢」と呼んでいる。これは睡眠時に、脳の言語や運動をつかさどる部分が半覚醒状態のために起こると考えられている。明晰夢を見られる人は少数であるが、訓練次第ではもっと多くの人が見られるようになると専門家はいう。明晰夢のすごいところは、夢なので自分で物語をコントロールして、好きなことができるというところ。「夢はかなえることができない願望を実現することで、欲求不満を解決している」のであれば、表層の意識でいつも思っている願望を実現することも可能だ。実際に明晰夢を見た人の感想を聞くと、幸福感や満足感を得たことも多いという。

訓練としてふだんから「夢を見ている自分に気づく」と自己暗示をかけて意識を強くもっていること、見た夢を日記などにつけておくとよい。また明晰夢は、専門で研究している機関や研究者が数多くいる。関係書籍も多くでているので、興味をもった方は読んでみてほしい。ただ、科学的なアプローチではなく、霊的でちょっとあやしいものもあるので、選定には注意したい。

著者も明晰夢を数回経験したことがある。なにげない夢を見ていて、これは夢だと気がついた。1回目はせっかくだから空を飛ぼうとして、手をパタパタさせると、うまく飛べて不思議な幸福感を味わった。ところが2回目以降はうまくできずに、気がつくと目が覚めてしまう。なかなか夢をコントロールするのは難しい。

夢だと わかる夢を
めいせきむって
言うんだって
フーン
キミなら
どうする？
ゲームいっぱい
あそぶ
ウンウン
ボクは
おいしいものいっぱい
ウン
ウン
キミは？
ねる！

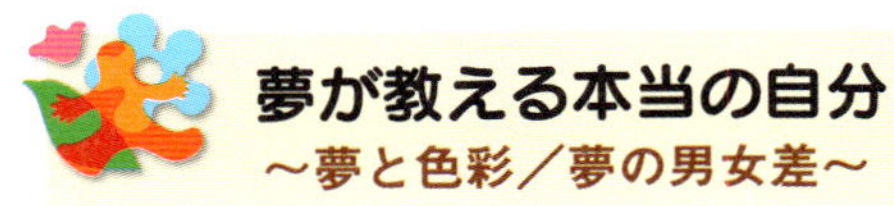

夢と色彩

よく夢はカラーか白黒かという議論が起こる。最近の研究で、夢はカラーで見ているというのが一般的である。これはカラーテレビと関係しているという説も聞くが、その信憑性は疑わしい。著者の見地では、夢は基本的にカラーであると考えている。ふだん見ている景色を常にカラーと認識して生活している人は少ない。多くの色が目に飛び込んでくるが、いちいちこれは「赤」これは「青」などと認識しないうえに、ただ漠然と見ている。夢も同じように集中して見ているわけではないので、常にカラーと認識していないのではないか。画家やデザイナーなど関係している人の多くがカラーの夢を見ると証言していることからも、意識の差ではないかと考えている。

夢の男女差

心理学者カルヴィン・ホール、ロバート・ヴァン・デ・キャッスルは、男女1000件の夢を研究し、夢に男女差があるのか調べた。それによると男性の夢は敵対的な人間が多く登場するのに対し、女性の夢には友好的な登場人物が多かった。また、女性は家庭や家族の夢を見るが、男性は特別意識していないかぎり、あまり家庭の夢は見ない。女性は買い物をしたり友人と会う夢など日常的に見ることが多いのに対して、男性は冒険や旅行などの夢を多く見る。顕著なのは、大きな病気になったときの夢だ。男性はストレートに死ぬ夢を見て、恐怖感を感じることが多い。ところが女性は、友人と別れるなど人とのつながりが切れる夢を見るという。

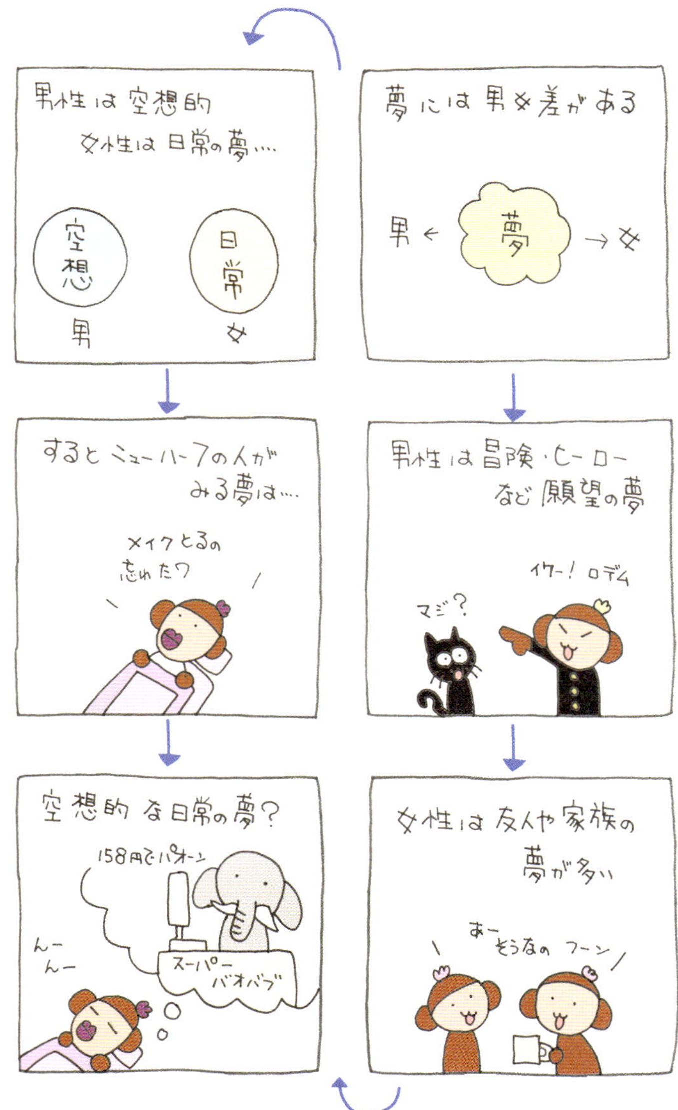
夢には男女差がある
男
夢
女
男性は冒険・ヒーローなど願望の夢
マジ？
イケー！ロデム
女性は友人や家族の夢が多い
あー そうなの
フーン
男性は空想的 女性は日常の夢….
空想
男
日常
女
するとニューハーフの人がみる夢は…
メイクとるの忘れたワ
空想的な日常の夢？
158円でパオーン
スーパーバオバブ
んーんー

夢が教える本当の自分
～夢の種類と深層心理①～

夢にはさまざまなメッセージが込められている。それは願望であったり、体からのメッセージだったり、もしかしたらほかにもなにか理由があるかもしれない。だからこんな夢を見たらこうという簡単な公式はないし、見たときの感情によっても異なる。素人判断では難しい。ただ、特定の夢にはある傾向があると考えられている。ここでは複数の心理学者や睡眠研究者が研究したいくつかの夢の診断結果をまとめる。この判断は研究者によっても解釈が異なるし、あまり単純なものではないので、うのみにしないでほしい。自分の心を見つめる1つの参考資料として活用してほしい。

夢の判断を行うには、ベッドの近くにメモを置いておくなどして、起床時に忘れないうちにメモをする。夢は時間が経つと急速に忘れてしまう。夢の状況・場面、そのときなにをしていたのか、どんな気分だったかなどをメモするのがよいだろう。

心は夢を使って自分になにを伝えようとしているのだろうか？

落下する夢

落下する夢は、なにか不安や恐怖と関係があるといわれている。実際に落下して感じるのは、痛みではなく恐怖心である。仕事に関する失敗や失恋などの不安から見ることが多い。将来に対する不安感から見る場合もある。落下の途中で「これは夢だ」と気がつくこともあるし、途中でビクッと足が動いて起きることもある。

落ちる夢を見るとなにか悪いことがある暗示にも思えてしまうが、夢の中で一度落ちることで精神のバランスを取るとも解釈できる。なにかの注意信号かもしれない。

落下する夢は
ウッキー
恐怖心のあらわれである
恐怖心
途中で足がビクッとして
起きることがある
ビクッ
これは体がリラックス
していないときにおこる
ん？夢か？
電車などでなると…
あっ！
ビク
とてもはずかしい….
ジロリ
ジロリ

夢が教える本当の自分
～夢の種類と深層心理②～

飛ぶ夢

飛ぶ夢は人生の局面において、仕事での成功や恋愛の成就などなにか達成した場合に多く見られる。新しい目標などを設定した場合にも見ることが多い。またほかの心理学者は、現状から逃げだしたいという欲求不満と解釈する場合もある。「なにかをしたい」という気持ちが「飛ぶ」という願望となって現れるという。飛ぶ夢を見たがなにも心当たりがない場合、日々の生活に飽きた自分の心が「なにかしたい」と語りかけているのかもしれない。

飛ぶ夢があまりにリアルだったために、本当に飛べると勘違いし、試してケガをした人もいる。「バカな人がいるな」と思われるかもしれないが、本当にリアルな感覚をもつことがあるので、現実と夢を混同しないように注意してほしい。

追いかけられる夢

何者かに追われる夢は、不安やトラブルなどに困惑しているときに見ることが多い。仕事で厳しいスケジュールを抱えた会社員が追われる夢を見るのはめずらしくない。また、たんに強い不安をもつ場合だけでなく、不安と興味、期待感が合わさった場合に見ることもある。私生活の環境が変わった場合、責任ある仕事をまかされた場合などである。

正体不明の人などに追われる場合は、「怖いモノ見たさ」という感覚、正体を見てみたいという気持ちがあるともいう。また複数の心理学者は、子供のころの恐怖体験や潜在的な恐怖体験とも関係している可能性があると指摘している。

空を飛ぶ夢は
新しいことに
挑戦したり
何かしたいときによく
見る夢である
明日からダイエットよ！
飛ぼうとする夢を見て
サルディ
さあ飛ぶよ！！
ハイ！
ベッドから落ちた
ドカッ
それは たんなる
マヌケです
ガーン

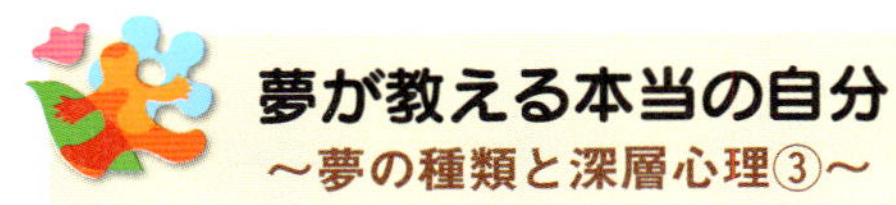

夢が教える本当の自分
～夢の種類と深層心理③～

試験の夢

試験の夢は、できなくて不安になるというものが多い。これから試験を受けようとしているときは、ある種の不安感が夢になったと考えられる。試験勉強をあまりしていないなら、それは潜在意識がもっとしたほうがよいといっているのかもしれない。また、不安はないのにこのような夢を見る場合は、失敗しないための警告と解釈して、抜けているところがないか再度勉強したところを確認するのがよいだろう。逆に不安だったが、試験でうまくいく夢を見て、自信をもって試験に行くことができ、見事に合格した例もある。

抱擁される夢／抱きしめられる夢

抱擁される夢は明らかに男女差がある。男性はほとんど見ることはないが、多くの女性は経験があるだろう。抱擁される夢は、信頼できる人間が近くにいることを再確認するのに見ることが多い。もちろん憧れの人に抱きしめられたいという願望からくることもある。女性は男性以上に、人とのつながりを重要視する。抱擁されるという行為につながりを感じる人も多い。

トイレを探す夢

本当にトイレに行きたいわけではないのに、トイレを探す夢を見ることがある。このような夢を見る人の多くは、自分の思ったことをいえないで、心にためていることがある。いいたいことをいえないストレスがトイレを探すという行為になることがある。

試験の夢は
ヤマが ハズレタ…
不安を象徴している
だけでなく
不安
不安
不安
不安
潜在意識からの
アドバイスかもしれない
勉強もっと
何か忘れてない？
違うことも
心の奥
勉強不足の人が
夢がきっかけで猛勉強
ムキー
合格したという
ヤッター
それも夢だった…
キミ
キミ

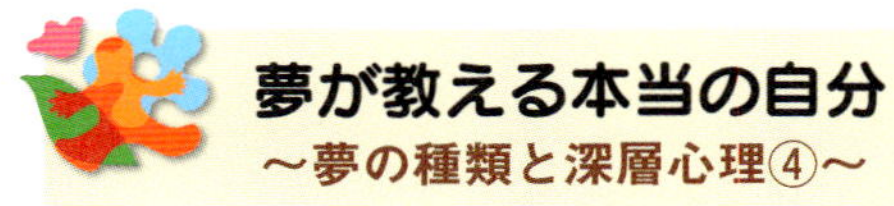

夢が教える本当の自分
～夢の種類と深層心理④～

妊娠する夢／妊娠を示唆する夢

女性の中には妊娠していなくても妊娠する夢を見る場合がある。これは妊娠を望んでいる女性と望んでいない女性の両方に見られる。これらの願望や拒絶が夢となって出現する。また妊娠の兆候をいち早く教えてくれることもあるという。150人以上の妊婦の夢を研究したアメリカの心理学者は、早期の妊娠に特徴的な夢はないものの、女性によっては畑に種をまく夢、小さな魚の夢や川や海など水に関係する夢を見るという。これは羊水と関係があるのではないかといわれている。

病気・ケガをする夢／病気を示唆する夢

病気やケガをする夢は、体と心のバランスが崩れているときに見る夢とされている。また、自分が気づかない病気を、心の奥にある深層心理が警告してくれる例がある。この場合、あまり直接的にはでてこないことが多い。

長年夢について研究しているロザリンド・カーライトは、興味深い症例を紹介している。ある男性がのどに石炭が通り、焼けるような違和感を受ける夢を見た。病気と確信した男性は、病院に行くが結果は陰性。ところが今度は、のどに針を刺された夢を見る。そして数週間後、彼はのどにしこりができて、最終的に甲状腺がんと診断されたという。検査でも見つからないような早期のがんを体が察知し、夢となって知らせたのかもしれない。夢に敏感に接していると、体の危険信号を早期にキャッチできる。

夢は体の危険を
示唆することも
夢
危
たとえば のどに違和感が
ある夢を見た人は
ん?
後日 のどに病気が
見つかった
のどに
カゲがあります
だから こんな夢を見ると…
ちくしょー
とじこめられた~
それは危険を教えて
くれているのかも…
これは
キスマーク!
しれない…
オイラは
ソンゴクウだー
この色ボケー

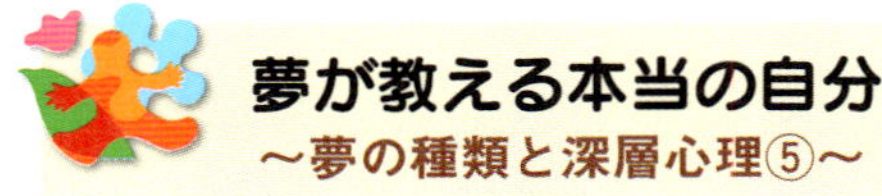

死ぬ夢

死ぬという夢はとても不吉に思えるが、実はそうではない。多くの心理学者は死の夢を「再生」としてとらえ、自分の中で新しくなにかを始めるとき、始めたいときに見ると解釈している。特に思春期の子供は、大人になる通過点として、子供を捨てるという意味合いで、よく自分が死ぬ夢を見る。

ケンカする夢

誰とケンカするか、どのような気分だったかでも異なるが、ケンカの対象は自分であることが多い。誰かとケンカしていてもその相手は自分の分身。心に葛藤がある場合などは、自分自身と戦うことで物事を整理しようとする。また、なにかに不満があったりする場合にも、それを発散するためにケンカの夢を見る。

恥ずかしい夢

たとえば女性が間違って男性トイレに入ったり、裸を誰かに見られるような夢を見ることがある。これは初めてのデートや面接など、自分が見られることに不安を感じている場合によく見る。

病院に行く夢

病院で治療をしてもらう夢は、誰かに頼りたいという気持ちの表れでもある。入院の夢は仕事のストレスなどがある場合に、現実逃避をする願望として見る。体のどこかに異変を感じた深層心理からの警告の可能性もある。

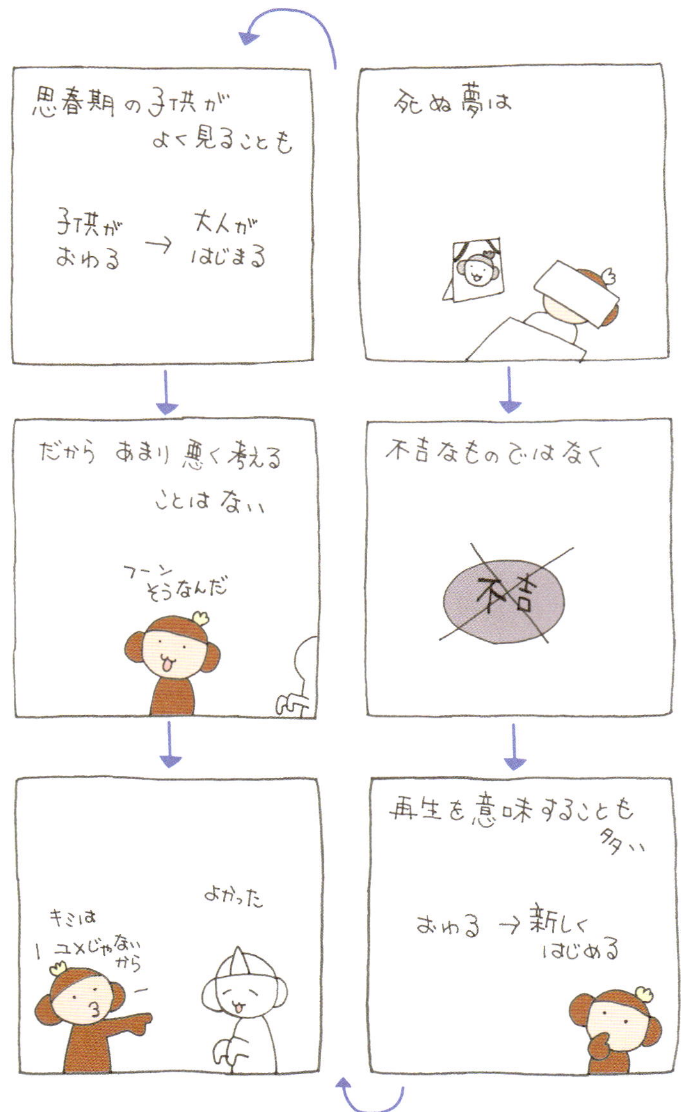
死ぬ夢は
不吉なものではなく
不吉
再生を意味することも多い
おわる → 新しくはじめる
思春期の子供がよく見ることも
子供がおわる → 大人がはじまる
だから あまり悪く考えることはない
フーン そうなんだ
キミは ユメじゃないから ー
よかった

性格とはなにか？
～性格を心理学的に解釈すると～

私たちはよく、「あの人性格がいいね」「彼はわかりやすい性格だ」などの言葉をよく使う。では、「性格」とはなんだろうか？　わかっているが、ちゃんと答えられる人は少ないだろう。

心理学的に性格を説明すると、ちょっと難解。研究者によっても定義が違う。やや乱暴だがまとめて簡単にいってしまうと、その人を象徴する行動、言動の傾向といえるのではないだろうか。つまり「わかりやすい性格」とは、「次の行動が簡単に想像つく行動パターン」。「よい性格」というのは、「一貫性のあるよい（やさしくて思いやりのある）思考・言動パターンをもっている」ということになるだろうか。日本語はあいまいなので使いやすい代わりに、突き詰めようとするとなかなか難しい。

この性格をいくつかのタイプに分けて研究しようと、多くの心理学者が性格の研究をしている。なかでも体型と性格の研究で有名なのが、ドイツの精神医学者クレッチマーの研究である。彼は体型を3つに分けて、性格の特徴を下記のように述べている。

○やせ型

控えめな性格。神経質で過敏な部分と相手の気持ちに気がつかない鈍感な部分が共存する。

○肥満型

社交的な性格であるが、躁鬱（そううつ）（活発な状態と落ち込みが交互にくる）の傾向がある。感情にムラがある。

○闘士型（がっちり）

静かで几帳面な性格。突然怒りだすことがある。

性格とは何だろう？
怒りっぽい
おだやか
良い性格とは
あっ！
良い行動パターンを持っているということ
スマナイネ！
イ・イエ
仕事ができるとか背が高いとかは？
それは性格ではないネ
フン フン
マ、ボクは性格よくて背も高いケド
自分で言うな 性格ワル

血液型A型は本当に几帳面？
～血液型と性格／その誕生の歴史～

A型は几帳面、B型はマイペース、O型は楽天的。血液型による性格診断は誰でも知っている一般的な性格診断である。しかし最初に悲しいお知らせがある。この血液型と性格については、科学的根拠がなく、科学的には否定的なデータがそろっている。血液の中にも性格を左右する因子は見つかっていない。医学的にこの血液型性格診断は、根拠のないデータであるといえる。ただ、「ちょっと待って、少なくても自分は当たっているし、家族も血液型性格のとおりだ」と疑問に思う読者も多いだろう。

では、その謎をひも解こう。でもその前に血液型と性格の歴史を振り返ってみる。現在のABO式血液型と性格を最初に結びつけたのは日本であった。1910年ごろABO式血液型が発見された数年後、日本の医師が血液型と性格の関係を言及した論文を発表している。1920年代には軍医が血液型と階級や懲罰について研究している。そして同じころ、教育学者古川竹二氏によって血液型と気質の研究が発表された。この結果は大きな話題となり、多くの人に支持された。そのせいで履歴書に血液型を書く欄が追加されたほどである。ところがその後、これらの研究結果を否定する調査報告が発表され、次第に血液型と性格の関係は忘れられていった。そして1970年代に血液型に関する書籍が発表されると、ふたたび血液型性格診断のブームが起こる。マスメディアがおもしろい話題として取り上げ、そのブームは現在まで続いている。

この血液型診断は、人への先入観や差別意識を生むとして問題視されている。

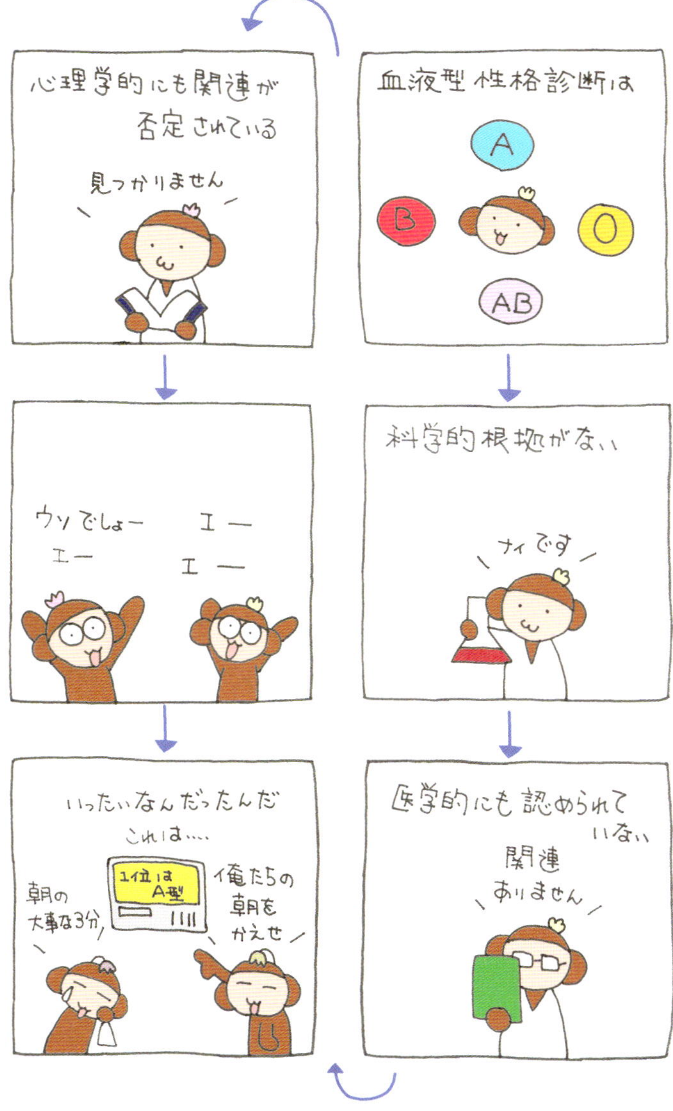
血液型性格診断は
A
B
O
AB
科学的根拠がない
ナイです
医学的にも認められていない
関連ありません
心理学的にも関連が否定されている
見つかりません
ウソでしょー
エー
エー
エー
いったいなんだったんだこれは….
1位はA型
朝の大事な3分
俺たちの朝をかえせ

血液型A型は本当に几帳面？
～血液型と性格／診断が浸透する理由～

では、なぜ性格診断が当たっていると感じるのか。そして、なぜここまで普及したのか心理学的に考えてみる。

1. 診断結果のあいまいさ

当然、当たっていなければ診断は普及しない。ではなぜ当たるのか？　それは診断結果の記述形態にある。たとえばA型は几帳面、O型は楽天家のような差はつけてあるものの、ほかの多くは一般的な特性を数多く挙げている。したがって、どれかは当てはまる。たとえばA型はほかにも「平穏な人間関係を望む」といわれている。平穏でない人間関係を望まない人はほとんどいない。

2. 診断内容に自分を合わせるから

たとえばAB型は「ユニークな発想の持ち主」といわれる。いわれたほうは当たっていなくても、悪い気はしないだろう。すると自分はこうあるべきだと思い込み、自分からユニークな人間になろうとする。人は診断結果の結果にみずから近づいていく。これを心理学では「自己成就予言」という。

3. 血液型性格診断は便利なコミュニケーションツール

これほど便利なツールはない。4パターンなので覚えるのも簡単だし、相性などもよく明記されているので、初対面の会話などでとても使いやすいのだ。会社や友人などでこの話題があれば、取りあえず困らない。特にこの診断を信じる人は、社会的な外向性が高い傾向にある。雑誌やテレビの影響も大きいと推測される。

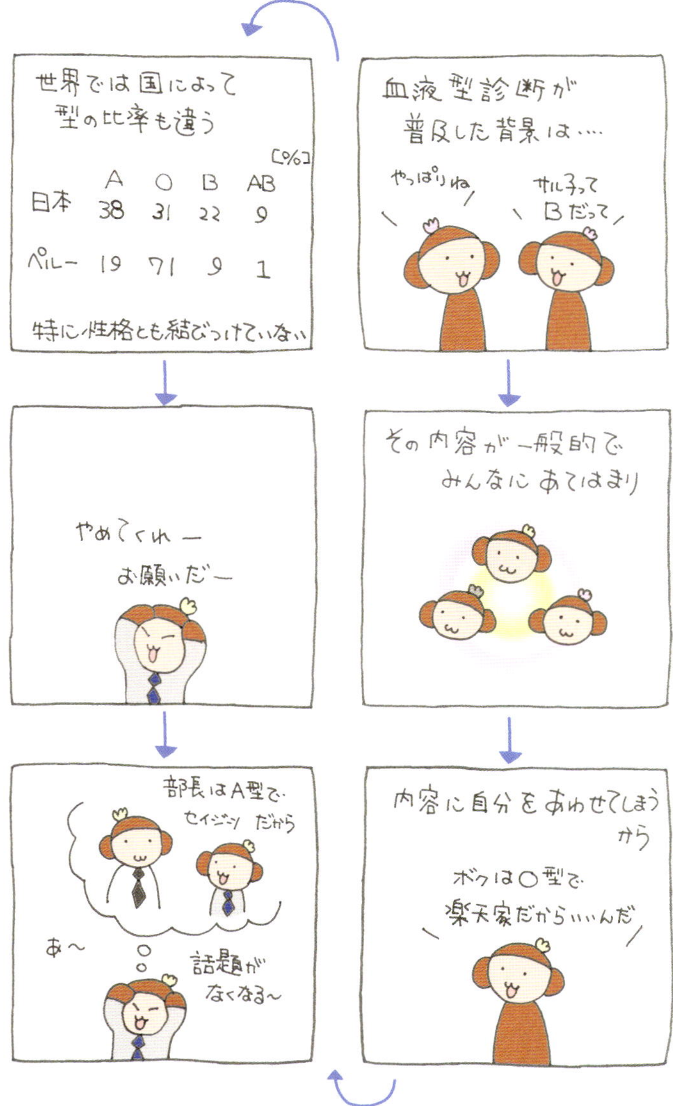
血液型診断が
普及した背景は….
やっぱりね
サル子って
Bだって
その内容が一般的で
みんなにあてはまり
内容に自分をあわせてしまう
から
ボクは○型で
楽天家だからいいんだ
世界では国によって
型の比率も違う
[%]
A O B AB
日本 38 31 22 9
ペルー 19 71 9 1
特に性格とも結びつけていない
やめてくれー
お願いだー
部長はA型で
セイジツ だから
あ〜
話題が
なくなる〜

診断結果を信じる心理／バーナム効果
～なぜ人は性格診断や占いを信じるのか？～

血液型性格診断のように、誰にでもあてはまる一般的な内容を自分だけにあてはまると思ってしまう心理現象を「バーナム効果」という。この効果は実はとても恐ろしい。血液型A型の性格についての記述をそのままB型の人に「B型の性格」と見せたところ、約９割の人が当たっていると回答した実験結果がある。「あなたは他人から好かれたいと思っています」「あなたはロマンチストな面を持っています」のようなことをいわれても、「違う」もしくは「あいまいな表現だ」と否定しないで、多くの人は「そうそう」と受け入れてしまう。

実は性格診断だけでなく、占いを信じる現象の多くはバーナム効果だといわれている。特に占い師が有名な相手だったりするとその効果は絶大で説得力があるように感じる。これは思いのほか難易度の低い技術なので、悪用する人は多い。「あなたは過去の肉親か友人の死が心に傷になっていますね」といわれたとする。20、30代であれば、少なくとも1人か2人は親族や友人の死を経験している人は多いし、その死がなにかしらの傷になっていることもふつうのことである。

また人は、特定の集団に属している人を特定の性質だと思い込む傾向がある。「オタクは○○」のような類似型のイメージをもち、オタクの人を同一の性格だと思ってしまう。「日本人は勤勉家」「イギリス人は紳士」のような分類は、もっと強引なものである。しかしわれわれは、これを受け入れて信じていることが多い。

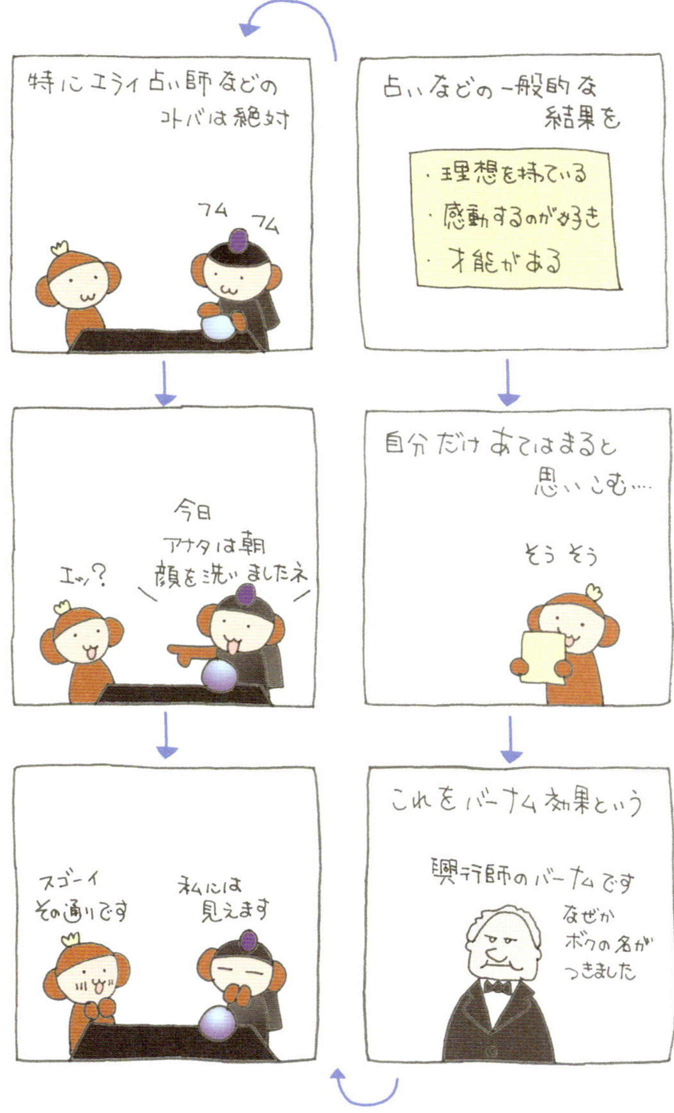
占いなどの一般的な結果を
・理想を持っている
・感動するのが好き
・才能がある
自分だけあてはまると思いこむ…
そう そう
これをバーナム効果という
興行師のバーナムです
なぜかボクの名がつきました
特にエライ占い師などのコトバは絶対
フム フム
今日アナタは朝顔を洗いましたネ
エッ？
私には見えます
スゴーイ その通りです

文字からわかる自分の性格

～筆跡にみる人の深層心理～

文字は話すことと同じように、人の「行動」の1つである。筆跡には性格が表れるので、自分では気がつかない自分の性格を垣間見ることができる。ここでは「口」という簡単な文字を使って解説する。前ページのバーナム効果を意識して、「当たっている」「当たっていない」ということにはこだわらずに、自分を発見する1つの道具にしてほしい。

「口」の文字からわかる性格傾向

縦線と横線のつなぎめがしっかり閉じている人は、まじめで几帳面なタイプ。妥協ができない

縦線と横線のつなぎめが開いている人は、社交的で融通がきくタイプ。協調性もある

上より下が広がっている文字を書く人は、前向きな性格で困難を乗り越えるタイプ。心のどこかに安定を求めていることも

上より下が狭くなっている文字を書く人は、文字のように人生も不安定。芸術的なセンスもある

角をしっかりと90度につけるのは、慎重で几帳面なタイプ。ルールを守りたいと思っている

角が丸い人はユーモアのセンスがあり、楽しい人。人間性も豊かで活動的な人

12

上も下も大きく開いた字を書く人はオープンな性格の現れ。だらしない部分もある

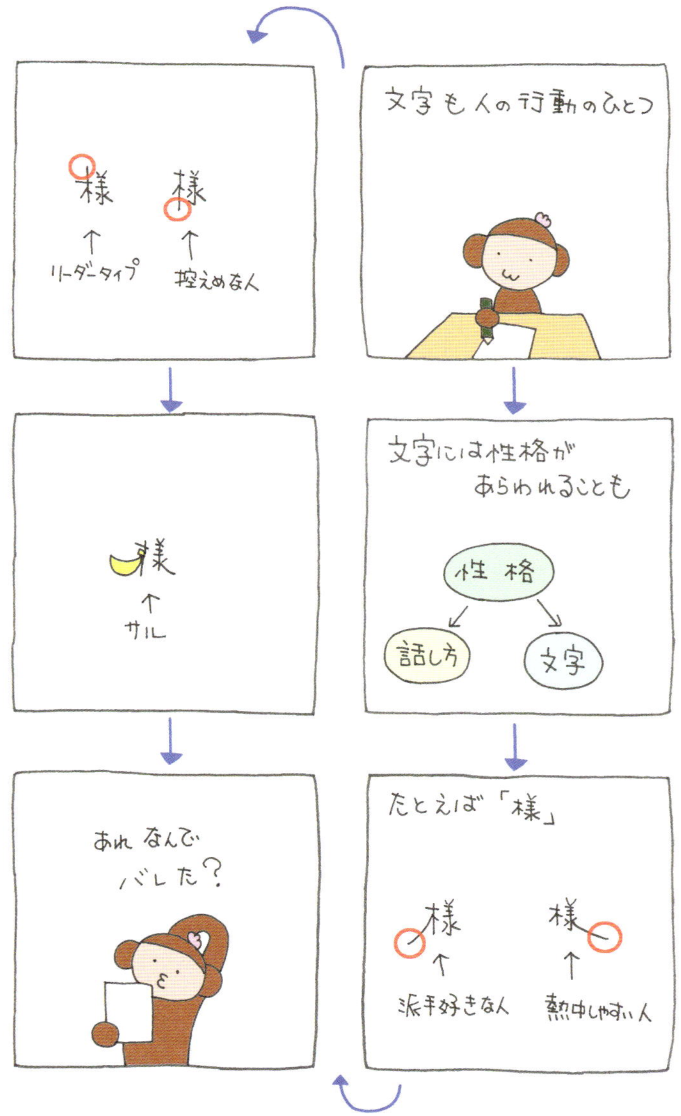
文字も人の行動のひとつ
文字には性格が
あらわれることも
性格
話し方
文字
たとえば「様」
様
様
派手好きな人
熱中しやすい人
様
様
リーダータイプ
控えめな人
様
サル
あれ なんで
バレた？

自分を知るテスト／「私は〇〇」

～20答法「Who am I?」テストで自分はどんな人間かを知る～

自分自身をくわしく知るためにおもしろいテストがある。アメリカの心理学者クーニとマックパーランドが考案した20答法「Who am I?」テストと呼ばれるものである。心理学の世界ではとてもメジャーなテストなので、知っている人も多いと思う。まだ挑戦したことがない人は、この機会に挑戦してみてほしい。おもしろいほど自分のことがよくわかる。下記にある「私は」に続く文章を頭に浮かんだ順に20個書きつづってほしい。

①私は__________	⑪私は__________
②私は__________	⑫私は__________
③私は__________	⑬私は__________
④私は__________	⑭私は__________
⑤私は__________	⑮私は__________
⑥私は__________	⑯私は__________
⑦私は__________	⑰私は__________
⑧私は__________	⑱私は__________
⑨私は__________	⑲私は__________
⑩私は__________	⑳私は__________

最初のうちは、「私は会社員である」「私は映画が好きである」などスラスラと書けるだろう。ところが途中から、なかなかでてこなくなる。最初のほうにでてくるものを見て、現在自分がなにを強く意識しているのか、どのポジションにいるのを意識しているのかなどがわかる。途中からは無意識の欲求などもでてくるので、冷静に見つめてみるとおもしろい。

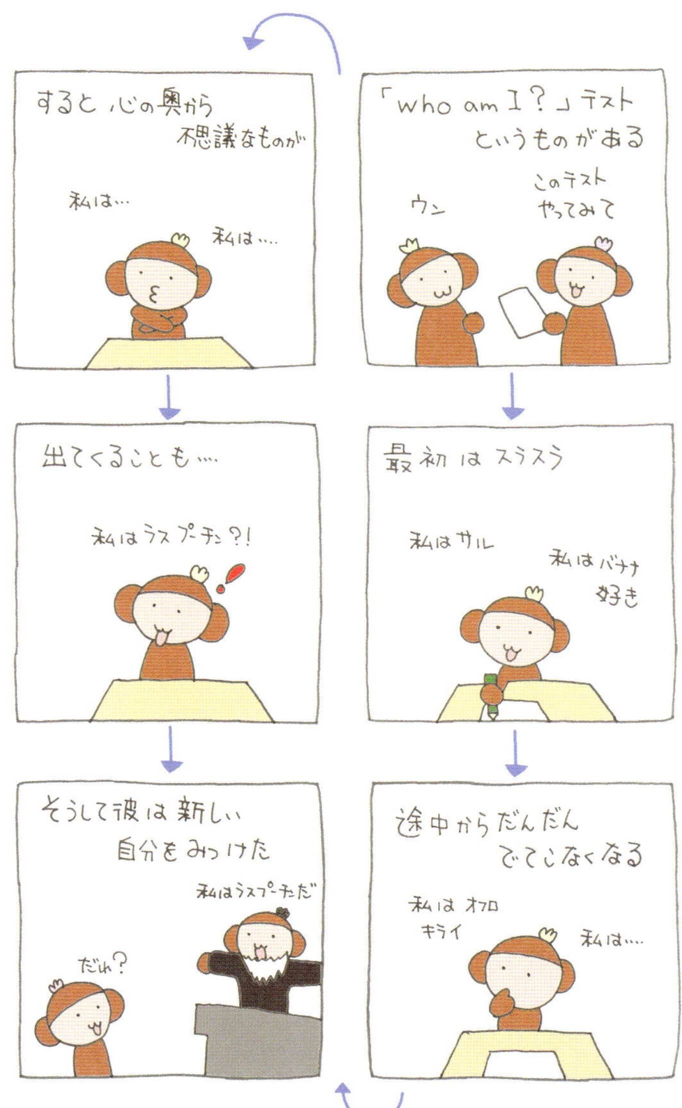
「who am I？」テスト
というものがある
このテスト
やってみて
ウン
最初はスラスラ
私はサル
私はバナナ
好き
途中からだんだん
でてこなくなる
私はオフロ
キライ
私は….
すると心の奥から
不思議なものが
私は…
私は….
出てくることも….
私はラスプーチン?!
そうして彼は新しい
自分をみつけた
私はラスプーチンだ
だれ?

自分の知らない自分／ジョハリの窓
～未知なる自分に出会う方法～

自分のことは自分がいちばんよく知っているつもりでも、実は知らないことがある。「キミって負けず嫌いだよな～」などと、性格のことを友人から指摘され、初めて自分がそういう性格だったのかと知ることも多い。人に自分のことを教えてもらい、新たに自分を見つめることもできる。

下記の図は心理学者ジョーセフとハリーが考案した「ジョハリの窓」と呼ばれているもの。自分の情報を4つに分類して考える。

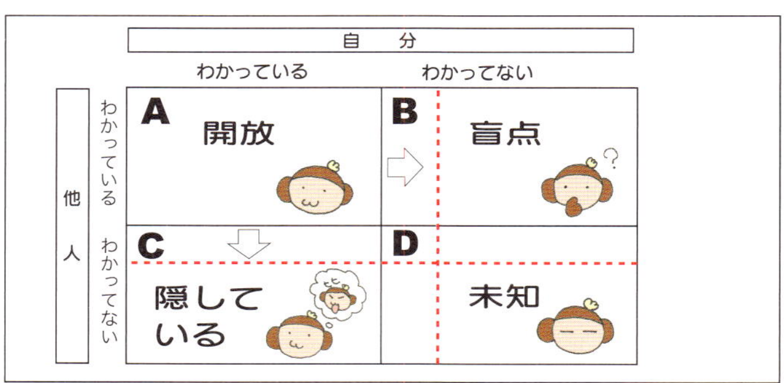

A.自分も知って、他人も知っている開放的な自分。B.自分は知らないで他人が知っている盲点になっている自分。C.自分は知っていて他人は知らないで隠している自分。D.自分も他人も知らない未知の自分。自分の知らない部分を相手に教わると、矢印のようにBの部分が小さくなっていく。同様にCの隠している自分をだすと、どんどん未知のDが小さくなり、未知の自分が小さくなり、潜在的な自分を知ることができる。その結果、Aの開放的な自分は大きくなる。

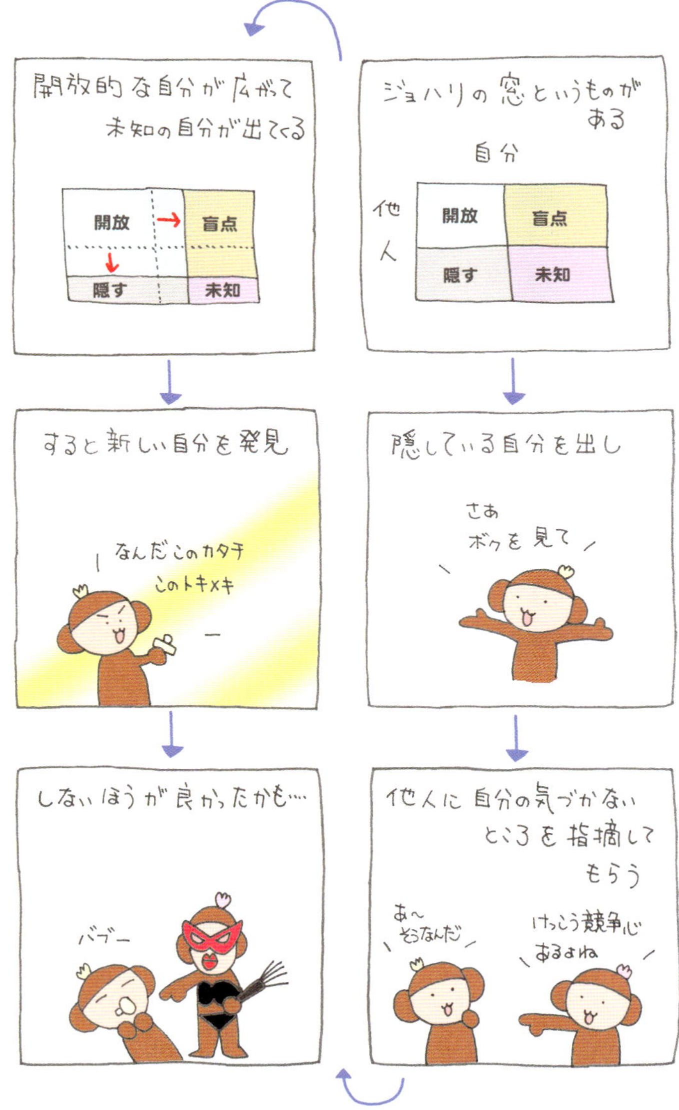

ジョハリの窓というものがある
自分
他人
開放
盲点
隠す
未知
隠している自分を出し
さあ
ボクを見て
他人に自分の気づかないところを指摘してもらう
あ〜
そうなんだ
けっこう競争心あるよね
開放的な自分が広がって未知の自分が出てくる
開放
盲点
隠す
未知
すると新しい自分を発見
なんだこのカタチ
このトキメキ
しないほうが良かったかも…
ブフー

人はなぜ笑うのか？
〜笑いのメカニズムを考える〜

私たちは楽しかったり、おもしろいものを見ると笑う。最近では笑うことで免疫力が上がるなどのプラス効果が注目されている。でも、なぜ笑うのだろうか？　「笑う」という行動を取るのは、人間とサルの一部のみだといわれている。確かに笑うワニとかニワトリとかは見たことはないし、笑うカエルがいたらとても不気味だ。笑いにもいろいろな種類があるし、実にさまざまな説がある。フロイト、カント、ベルグゾンなどの心理学者は、「笑い」の正体をいろいろと考察している。

心理学の範疇を越えてしまうかもしれないが、ある説を紹介したい。アメリカの精神科学者V・S・ラマチャンドランは『脳のなかの幽霊、ふたたび』の中でおもしろい記述をしている。笑いに重要なのは、警戒すべき予想外の展開が起きて、いままでの事象を解釈し直すこと、つまり「オチ」があることだという。たとえば、突然黒ずくめの凶悪な顔をした男が前に立つ。これは自分にとって警戒すべき予想外の展開。緊張していると、その男がニコっと笑って道を聞く。安心した瞬間、笑った前歯に青のりがついていたら、思わず笑ってしまうだろう。これはいまでた警報は「間違いだった」という信号で、それが笑いになるという。危険を感じたが、解釈し直したら「間違いだった」ということを知らせるために、笑いは自然に身についたものなのではないかというものだ。心理学的にいっても、ある種の緊張状態を緩和する方法として、「笑い」という行為でバランスを取ろうとするのは理解できる。「愛想笑い」も緊張状態を緩和し、これに近い行為である。

人が笑うのは
ある種の緊張状態を
キンチョー
やわらげるためにとる行動
安全
キンチョー
フツウ
笑い
安全のサインという説もある
でも
コワイ人が
キタ…
ドキ
ドキ
!
ん?
ポロ
アハハハ…
あっ!
ポロ
本当に安全かはわからない
ジロリ

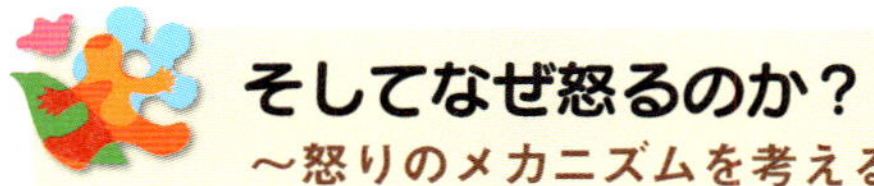

そしてなぜ怒るのか？
～怒りのメカニズムを考える～

笑いと同じように、われわれは日々怒る。この「怒り」という感情はどこからくるのだろうか？　われわれは行動と結末をある程度予測して生活している。ところがそのコントロールが狂うと「不安」や「恐れ」を感じる。そして、その防御反応、警告反応が「怒る」という感情になって現れる。たとえば、飲食店で料理を注文。しばらくするともってきてくれると予測している。ところが、30分待ってもこない。この状況を自分ではなんともできない、忘れられているのではないかというある種の不安状態にもなる。そして防御反応が進み、怒るという状態になる。つまり怒りは、自分の思いどおりにならないと生まれる感覚なのだ。

また人には「自尊感情」といって、自分自身を基本的に価値あるものとする感覚がある。日本語として使うプライドとは違うものである。「君は人間として価値がない」「人として最低」などといわれると自尊感情が傷つく。自尊感情が傷つけられても、人は怒りを覚える。これは「自尊感情」を守る行為であるともいえる。

自尊感情が高い人は、他人からの侮辱にも寛大に対処できる。それは自尊感情が高いため、他人からどのようなことをいわれても自身の評価に影響を受けない。ところが自尊感情が低い人は、不当な扱いをされるとすぐに怒る。自尊感情が低い人は、自分自身を尊敬できていない。そのため、他人から尊敬されることで、間接的に自尊感情を得ようとする。そこが否定されてしまうと自尊ができなくなってしまう。冷静に自分を見つめてみると些細なことで怒らなくなるかもしれない。

スイマセン
ピザはまだかね
もう40分以上
まっているんだから
スグに来ると思うから
イライラするんだよ
ウム
怒るのは
予測をうらぎられる
からだよ
わかった
さらに30分後….
オマタセ
シマシタ
キター
予測しない
しない
!
ポロ
ベチャッ
あっ?
オチタ
しな…
えっ?
ムキー
@△≈☆
実話

泣くとスッキリする理由
～泣く、涙を流すメカニズム～

人はいろいろな場面で涙を流す。でも、どうして泣くのだろうか？　ウィリアム・ジェームズとカール・ランゲは、「悲しいから泣くのではなく、泣くから悲しいのだ」という哲学的な言葉を残している。これは「泣く」という生理学的反応のほうが、「悲しい」という心理的な情動体験よりも先に起こるという説である。

おもしろいのは、悲しいときだけでなくうれしいときも人は泣く。感情によって流れる涙は、自律神経と綿密に関係している。うれしいときでも悲しいときでも自律神経が感情によって刺激されて、興奮状態になったときに人は泣く。ウイリアム・H・フレイ二世博士は、女性が泣く理由は、「悲しみ」が50%、「喜び」が20%、「怒り」が10%だといっている。女性は男性と比較してよく泣くといわれているが、これは男女の感情構造の違いからくるものであり、たんに女性が弱いということではない。泣くことにコンプレックスを感じている女性もいるが、まったくコンプレックスを感じる必要はない。

また、泣くことでスッキリとすることもあるだろう。これは泣くことでストレス物質を体外に発散しているためである。泣く行為はストレスを軽減する行為なのである。日本人は泣くなどの感情表現をストレートにださない。ストレス発散にどんどん泣くべきである。ちなみに、涙の成分はそのときの感情によって変化する。怒りの涙は水分量が少なく、ナトリウムを多く含み塩辛くなる。逆に悲しいときの涙は、水分量も多く塩味は薄いという。

泣くとスッキリするのは
あれ？泣いたらスッキリ
ストレス物質を涙で
体外に放出しているため
涙
ストレス
実は涙はそのときの感情で
成分が違う
悲しみの涙
うすい
怒りの涙
塩からい
恋愛のプロは
え～ん
失礼
泣いた女性の涙で
え～ん
ペロ
真実がわかる
ウソ泣き
だね
バレた！

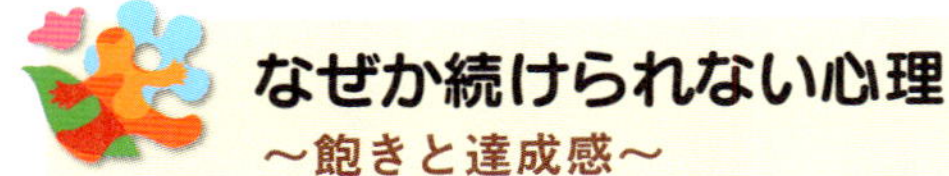

なぜか続けられない心理
～飽きと達成感～

スポーツジム、通信教育、ダイエットなどいろいろなものに興味はあるが、始めてみるとなかなか続かない。そんな人は意外と多いのではないだろうか。当然、これは性格に動かされる部分が多く、飽きっぽい性格の人は、何事も長続きしない。「飽き」とはやる気を失う行為。続けようとする意識を阻害する。「誰かに命令された」「やらなくてはいけないもの」などは、すぐに飽きてしまうものだ。

ただこの「飽き」は、行動の動機づけ、評価と大きく関係がある。動機づけには、外発的動機づけと内発的動機づけがある。外発的動機づけは、いわゆるアメとムチである。テストで100点を取ったら評価され自転車がもらえるというものや、これをやらないと上司に怒られるといったものである。一方、内発的動機づけは、どうしても海外に行きたいのでお金を貯めようなどと、自発的に行うものを指す。継続して行う場合、外発的動機づけは一時的には有効であるが、継続しないという特徴がある。サルに課題をクリアするごとにバナナをあげると、サルはそのうちバナナをもらわないと課題をしなくなる。それではあまり意味がない。

物事を続けるためには小さな具体的な目標を設定し、その目標を達成するごとに小さな達成感を味わうのがよい。部屋の掃除をするなどと大それた目標を設定するのではなく、今日は本棚、今日は机と個別に目標を設定し、「よくできた」と達成感を味わうのが続く良策である。また、このパワーは恋愛と結びつくとすごい。「外国語をマスターするには、外国人とつきあえ」という言葉があるように、恋愛の情熱は強力なやる気を生みだす。

なんでも長続き
しない人は
もう
やめたん～

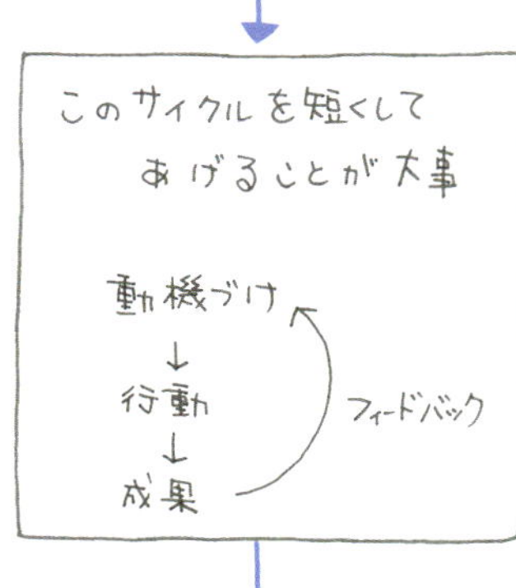
このサイクルを短くして
あげることが大事
動機づけ
↓
行動
↓
成果
フィードバック

サイクルが短いと
達成感を得やすい
よし 次だ！

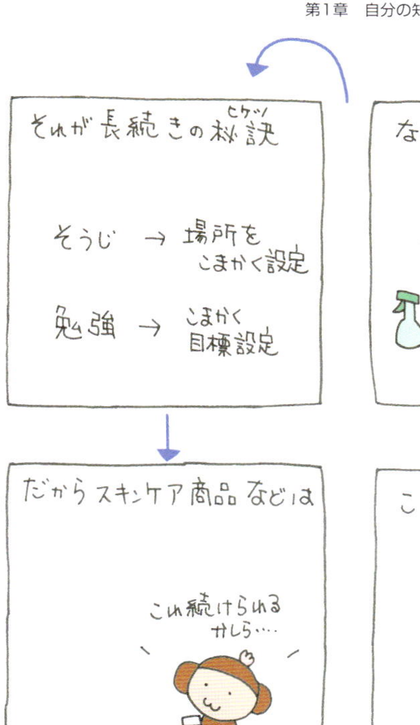
それが長続きの秘訣
そうじ → 場所を
こまかく設定
勉強 → こまかく
目標設定
だからスキンケア商品などは
これ続けられる
かしら…

サイクルを短くするように
努力している
翌朝にはお肌
ふっくらです

豪華言い訳ラインナップ
～自分を守ろうとする心の働き～

人はとても便利にできている。欲しいものがあって、それが手に入らなかったとき、失敗をして誰かに怒られそうになったときなど、なにか理由をつけて自分を守ろうとする。これを「防衛機制」といい、自分自身が不快になったり不安になったりするのを防ぐ役割をもっている。代表的な防衛機制を紹介する。

・**抑圧**：ミスをしたときなどは、「運が悪かった」「天気が悪かった」「トイレがなかった」などの理由をつけて、失敗の原因を無意識に圧迫する。自分の失敗を認めない。

・**反動形成**：本当は好きな相手に「触らないで」などと冷たく接する。嫌いな相手にやさしく接するなど意識と正反対の行動をとる。抑圧だけでは処理できない強力な感情を防御する行動。

・**投射**：「自分がミスをしたのは、この仕事をさせた上司のせい」「転んだのはここに商品を置いてあるから」などと責任転嫁を行い、自分のミスを正当化する行動。

・**合理化**：失敗をしたときにもっともらしい理由を考えて、自分を納得させる。「あんなに難しい問題だから、ミスをして当然」「かぜをひいていたから、できなくてあたり前さ」などと都合のよい解釈をする。エリート意識の高い人に多い。

・**転位**：抑圧された感情を別の対象に向けること。たとえば教師に怒られた場合など、その怒りを本来の教師に向けるのではなく、自分の中で立場の弱い母親などに向ける行動。

・**昇華**：抑圧された感情を社会的に容認された行動に変えて発散させること。たとえばスポーツなどで発散する。

六本木に言い訳のヨウジ
と呼ばれる達人がいた
ヨウジです
彼は様々な言い訳を
フン
運が悪かっただけさ
[抑圧]
使いこなす
コイツの
せいです
[投射]
カンキョーが悪い
失敗しても
あたりまえだ
[合理化]
最後はひきょうにも
ムキー
グスングスン
幼児化....
ん？
ママのバカバカ
[転位]

第2章

人はなぜ エレベーターの上を見る？
（社会心理学編）

ここでは自分と相手、自分と社会、組織の中だと人の行動はどうなるかなど、社会における人の行動や心理効果について考えてみる。相手の行動の裏側を知り、自分に活かしてほしい。

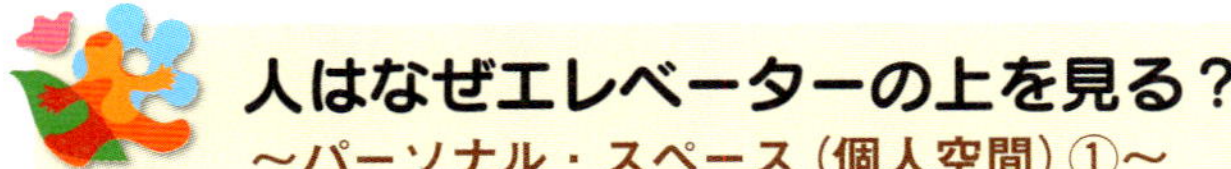

人はなぜエレベーターの上を見る？
～パーソナル・スペース（個人空間）①～

ある日、エレベーターに乗った。そしていつものように見上げて階数表示を見たら、そこに「そんなに見つめちゃイヤ」と誰かの落書きがあった。確かに私はエレベーターに乗ると、いつもここを見ている。でも、それは私だけではない、みんなエレベーターに乗ると階数表示を見つめている。エレベーターの階数表示には、多くの人の心をつかむなにかがあるのか？　それともなにか不思議な心理が働くからであろうか？　非常に不思議な行動だ。

実はこの行動は私たちがもっている「パーソナル・スペース（個人空間）」とおおいに関係がある。パーソナル・スペースとは、体の周りにある見えない一種のなわばりみたいなもの。この空間に他人が入ってくると、息苦しい感じがする。その距離は個人差があるが、だいたい前後0.6～1.5m、横に1mぐらいの空間。男性より女性のほうが広く、攻撃的な性格の人ほど広い傾向がある。満員電車で感じる息苦しさは、この空間に他人が入ってくるからである。

エレベーターは非常に狭い空間。お互いのパーソナル・スペースが重なり合う場所でもある。人はこの息苦しい空間から一刻も早くでたいと考える。上を向いているのは、その空間からでたいと思う心理の表れである。また、階数表示は自分の目的地を確認するだけでなく、早くでたいという気持ちがある場合、進んでいる（開放される時間に向かっている）と実感ができるからでもある。あそこまで、多くの人が凝視する部分もない。多くのエレベーターの階数表示部分に、広告がないのが不思議である。

エレベーターに乗ると
みんな階数表示を見る
1 2 3 4 5 6
これはパーソナル・スペースと
関係がある
この空間に他人が入ると
息苦しい感じがする
く、くるしい……
それは永遠に感じる
18秒……
ハヤク…
あっ！
プゥ
早く出たい気持ちが
階数表示を見る行動に
早くつかないかな～

みんな座席の端が好き
～パーソナル・スペース（個人空間）②～

エレベーターの中と同じく電車の中でも、人は同一の行動パターンをとる。それは座席の座り方である。最初にまず座席の両端が埋まり、次に中央が埋まる。端の座席が空くと、遠くから飛ぶように人（特におばちゃん）が席を取りにくることもめずらしくない。

この行為も人がもつパーソナル・スペース（個人空間）のせいである。座席の端は、一方向としか人と接触しない。したがって端を好んで利用する人が多い。万が一寝てしまっても隣に人がいなければ迷惑がかからないし、メールをしてものぞかれる心配は少ない。隣に誰もいない環境は心地よい。

ところが、端ならどこでもよいかといえばそうでもない。トイレなどの入口に近い場所は、端でも嫌われる。ファーストフードやカフェも、出入口に近い端の席は敬遠される傾向がある。これはブースタイプの席はある程度のスペースが確保されており、そのため端にこだわることなく利用できるからだと考えられる。逆に、入口付近は落ち着かない、外から見えるなどのデメリットが端のメリットを越える。また隣に人がいなければ、中央部分の座席でもよく利用される。人間とはおもしろい行動をとる。

ちなみにこのパーソナル・スペースは、相手によっても大きく変動する。たとえば前方1m程度のパーソナル・スペースは、親しい相手には0.5m程度になり、嫌悪感をもつ相手には2.5mぐらいに伸びることもある。気を許せない相手には自然と距離を取ろうとする心理が働く。

電車の席はみんな端に座りたがる
あいてる！
端にいると他人の影響を受けにくい
片側だけ
外国人には不思議に思える光景だ
日本人はなんでハジに？
それは日本人が忍者で隠れながら生活しているからです
日本文化研究
たんに端だと寝やすいからだよ
？
日本文化研究
オー電車で寝るなんてハズカシイ…
その心理ワカリマセーン
日本文化研究

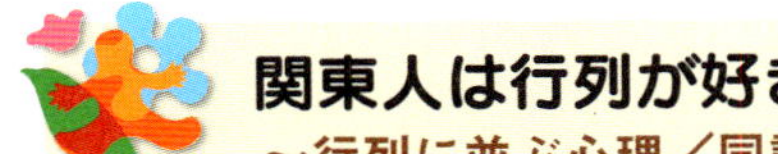

関東人は行列が好き
～行列に並ぶ心理／同調行動～

人は行列が好き。アトラクションや人気商品を購入するのには、何時間待たされても行列に並ぶ。これはどうしてだろうか？「それは並ぶ価値のある商品だから」。多くの人はそう答えるだろう。でも、本当にそれだけだろうか？

もちろん魅力的な商品であるのはあたり前だが、それに加えて行列には、人を引きつける魅力がある。人は行列を見て「大勢の人が評価しているから、魅力的なものに違いない」という逆の発想をする。それに人は、誰かと同じことをすることに安心感を生じる場合がある。心理学ではこれを「同調行動」という。そして、並んで買ったという達成感が、ある種の満足感をつくりだす。

もちろん、この行動には個人差がある。おもしろいことに地域性もある。関東人は関西人よりも行列に参加しやすいといわれている。関東人は特に「そうしないと周りから取り残されるのではないか」という脅迫観念が強い。逆にいえば、商品購入の際に行列に並んだ商品を持っていけば、話題性に加え一定の評価が得られるという安心感が強くある。関東人はこの感覚に弱い。好意的に解釈すれば流行に敏感なのである。

近年、雑誌やテレビでショップが取り上げられると、すぐに人気が集まる。人は「味」「デザイン」のような評価が複雑で個人差があるものを自分で判断しなくなっている。ブランド品が良質だからという理由だけではなく、金銭的に高価ということでもステータスになっている。同じように行列は時間というものを消費する一種のブランド商品になっているようである。

こんにちは
行列評論家のサル八さんです
ハイ
人はなぜ行列にならぶのでしょうか？
人はもともと集団が好きです
ハイ
達成感も大きいです
1時間ならんだ
↓
やってやった！
ハイ
でも行列の最大のミリョクはあの美しさ、あ～たまりません
萌え～

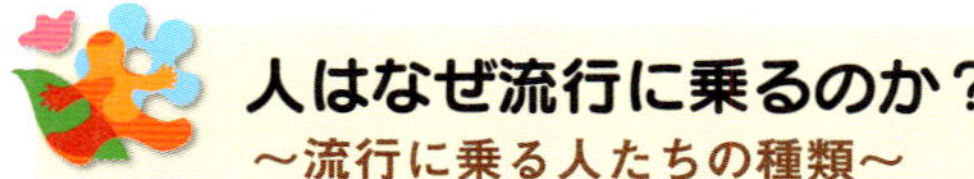

人はなぜ流行に乗るのか？
〜流行に乗る人たちの種類〜

なぜ人は流行に魅了されるのだろうか？　「流行」の語源は「物事が河の流れのように世間に流布する」というもの。ときにこの流れは岩の間を一気に流れる激流にもなるし、下流のように穏やかに浸透することもある。流行とは服装や行動が一時的に世間で用いられることをいう。歴史的には貴族社会のスタイルが市民に広がっていくことでつくられた。たとえば、貴重な天然染料の紫は王族や貴族しか使えない貴重なものだった。ところが合成染料技術が普及すると紫は市民に一気に流行した。現在では、貴族から市民という流れはなく、流行システムも大きく変化した。

ロジャースは流行を取り入れる人をカテゴリに分類している。新しいものに挑戦する冒険的な革新者が2.5%、それを採用して流行を発信していく初期採用者が13.5%、早い段階で流行に乗る前期多数者が34.0%、だいぶ浸透した段階で流行を受け入れる後期多数者34.0%、最後に仕方なく取り入れる遅滞者が16.0%である。対象物によって数字は変わるので参考数値として考えてほしい。

革新者は流行とは関係のないところで行動している人と、流行を意識して仕かける人が混在していると思われる。初期採用者の多くは流行を意識して、人と異なった行動仕様を早期に行うことで精神的な優越感、自己顕示欲を満たす。前期多数者は同調行動であるが、まだ初期採用者のような優越感を感じている。ところが後期採用者になると純粋な同調行動になってきて、なかには強迫観念に近いものを感じる人もいる。遅滞者は基本的に伝統指向派といえる。自分がどの位置にいるか考えるとおもしろいだろう。

流行を取り入れる人はイロイロ
冒険的に取り入れる人
2.5%
民族衣装に挑戦よ！
初期に採用する人
13.5%
どこかで見かけたワ
流行前期に採用する人
34.0%
今年は民族衣装風ネ
Gan
Gan
流行後期に採用する人
34.0%
みんな着てるしな～
ソロソロ
さらに遅れて取り入れる
遅滞者16.0%
やっぱり
キミも着たら！
流行を勘違いする人
0.02%
民族サイコー

困っている人を助けられない心理
～社会的手抜きの心理／リンゲルマン効果～

電車の中や道でお年寄りが困っている姿を見ると、誰でも助けたいと思う。しかし、実際に助ける行動をとる人は少ない。それは都会人が恥ずかしがりやだから？　確かにそれもあるだろう。しかし、多くの人間が周りにいる場合「自分ではなくても、誰かが助けてくれるはず」という心理が働く。他人に依存してしまう気持ちになる。これを「リンゲルマン効果」と呼んでいる。

ドイツの心理学者リンゲルマンは、綱引きの実験を行い、人数が増えるたびに1人あたりの力が弱くなることを導きだした。本来ならば、相乗効果で力が増すと考えがちだが、実際は違った。これは多くの集団になればなるほど、「自分一人ぐらい」という心理が働き、真剣に綱引きに取り組まなくなるからである。

同じような実験はアメリカの心理学者ラタネとダーリーも行っている。実験参加者（被験者）が個室でヘッドホンをつけ数人と討論会を行う。個室なのでお互いの顔は見えない。しばらく討論したあとに、あるサクラの人が発作を起こす。その場合、ヘッドホンを通してその状態を知った人は主催者に助けを求めにいくか、という実験をした。これは参加者1人を除いて全員がサクラである。するとおもしろいことがわかった。参加者が発作役と2人で討論していたときは3分以内に100%の人が報告にきた。ところが参加者が全部で3人になると60%になり、6人になると30%の人しか報告にこなかった。これは自分がいかなくても誰かが報告してくれるという心理が働くからだ。実社会で困った人を救えないのにはそんな心理が大きく影響している。

ひとりだと困っている人を
助けられても
く、くるしい…
たいへんだ!
人が増えると助け
られなくなる…
たすけて
シレー
シレー
これをリンゲルマン効果
という
ひとり → 自分しか できない → がんばる
ついつい誰かがやってくれる
と思ってしまう
たくさん → きっと 誰かが → がんばら ない
ヒーローは1人だから
がんばるが…
バナナビーム
いっぱいいると使いものに
ならない
オマエヤレよ
イヤ だよ

勝ち馬に乗ろうとする心理
～バンドワゴン効果とアンダードッグ効果～

座右の銘は？　と聞かれたら、耳障りのよい言葉を並べる政治家。ところが、彼らの真なる座右の銘は「勝ち馬に乗る」ということだろう。勝ち馬に乗る、つまり、勝つという体勢がわかってから応援してしまう心理である。いまだ派閥政治が支配している現代では、それは当然のことかもしれない。この行為を心理学では「バンドワゴン効果」と呼ぶ。「バンドワゴン」とはパレードの先頭にいる楽隊車のことであり、車の登場によって高揚する気持ちになり、バンドワゴンについていきたくなる心理からそう呼ばれている。政治家はこの心理効果が特に強いが、一般の人の多くにも「どうせなら勝つ人を応援したい」という心理が働く。

その一方で日本には「判官贔屓」という言葉がある。負けている人を応援する心理もある。これは「アンダードッグ効果（負け犬効果）」と呼ばれている。直接自分に密接に関係のあるものはバンドワゴン効果、そうでないものはアンダードッグ効果がでる傾向がある。たとえば政治家は自分のポストと綿密に関係があるので、党大会の代表選挙などは強力に勝ち馬に乗ろうとする心理が働く。ところが、そんな政治家でも高校野球など直接自分に関係ないものは、負けている高校を応援したくなるものである。

このバンドワゴン効果は、経済活動の中でもよく使われる。よく映画のCMなどで、「好評公開中！」のような文字を見かける。あの言葉は、実際には公開前から観客動員数に関係なく用意されていて、「みんなが見るなら私も見にいこう」というバンドワゴン効果を狙ったものなのである。そのカラクリには注意したい。

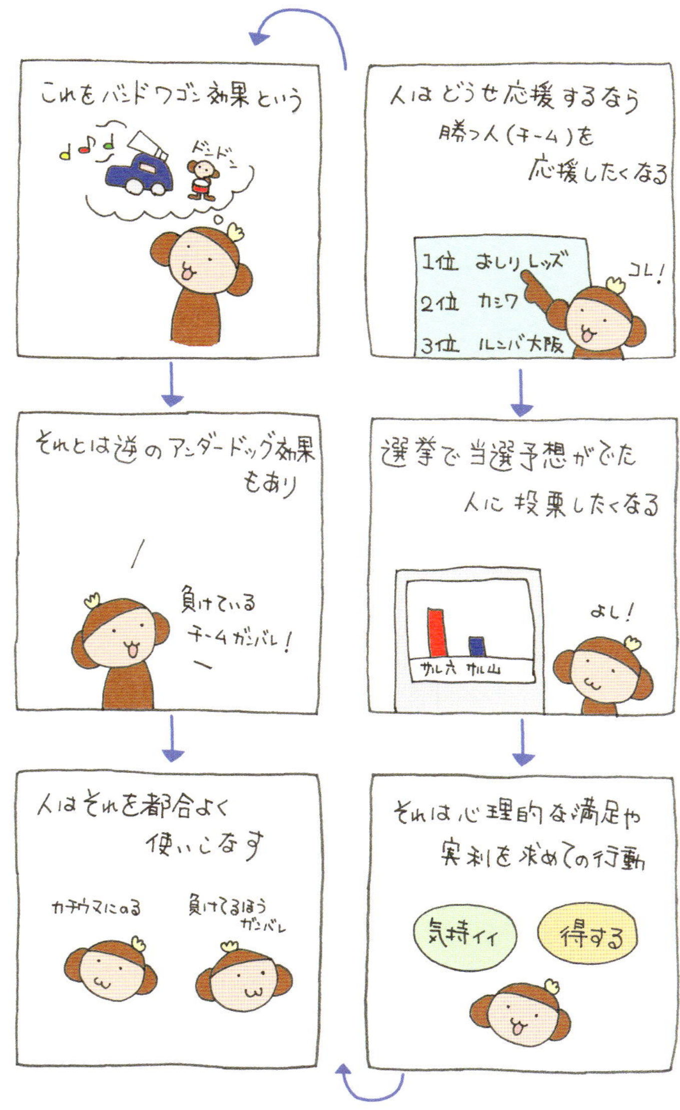
人はどうせ応援するなら
勝つ人（チーム）を
応援したくなる
1位　おしりレッズ
2位　カシワ
3位　ルンバ大阪
コレ！
選挙で当選予想がでた
人に投票したくなる
よし！
サル六　サル山
それは心理的な満足や
実利を求めての行動
気持イイ
得する
これをバンドワゴン効果という
ドンドン
それとは逆のアンダードッグ効果
もあり
負けている
チームガンバレ！
人はそれを都合よく
使いこなす
カチウマにのる
負けてるほう
ガンバレ

外見がよいと得をする
〜勝手に相手が想像してくれるハロー効果（光背効果）〜

外見がよいと得をする。そんなことは誰でもふつうに感じていることと思う。実際にある実験では、外見がよい女生徒のほうが大学教授の採点も甘くなるし、美人のほうが寿司屋の会計も安くなっていたことがあった。さらに、それだけではない。外見がよいと性格もよく、人間的にもすぐれていて、賢いと見なされる傾向がある。これを心理学では「ハロー効果（光背効果）」という。人の後ろで輝く後光は、本人をさらによく見せるという意味である。

この効果は外見だけではない。たとえば有名大学を卒業した人は人格もすぐれているとか、字がきれいだと賢いと思われがちである。英語が使えることと仕事ができることはイコールではないが、英語が使えるサラリーマンは、不思議と仕事ができるイメージがある。また悪いことをする人は、見るからに悪い姿にはならない。背広を着て誠実な態度を示せば、人間的にも信用してもらえるというこのハロー効果を悪用している。

2007年秋に1つのニュースが紹介された。アップル社のパソコンであるマッキントッシュ（以下、Mac）の販売が前年に比べて大きく躍進、四半期の伸び率は業界の8倍にも達した。それも新規購入者が非常に目立つ結果である。これはiPodやiPhoneを購入した消費者が使いやすさやそのデザインに好感をもち、パソコンに対しても興味をもったとアナリストは分析している。iPodやiPhoneはアップル社の製品で、Macと相性がよいというだけでなく、両製品の良質なイメージをパソコンにも期待しての行動とも考えられている。これもハロー効果の一種だと考えられる。

外見がよかったり
キラ!ン
会社で役職がついていると
カチョー
人間的にもすぐれている
と感じてしまう
人格
役職
外見
これを ハロー効果という
(光背効果)
ブチョー・ボスザル
サル山サル夫
サル山商事
かがやいて
みえますね

役割が人を別人に変える
～役割の恐ろしさと可能性～

会社のやさしい先輩が出世し役職者になったと思ったら、急に厳しくなって驚いたことはないだろうか？　役割とは社会生活における自分が果たすべき役目や働きをいう。実はこの「役割」というものが非常に恐ろしい。「こうあるべき」という形は「こうならなくてはならない」となり、非常に多くのストレスを生む。自分のその役割として認めてもらうために、ときには自分のルールやポリシーを越えて、もう1つの人格をつくりあげてしまう。積極的に地位や役割にふさわしい人間になろうとする行動をとる。

2001年に製作された映画『es［エス］』は、実際にスタンフォード大学心理学部で行われた役割の実験がモデルになっている。公募で集めた人を看守役と囚人役に分けて、模擬刑務所内でそれぞれの役割にしたがって行動させる。その役割が人の行動にどのような影響を与えるかを調べるものだった。実験開始後、看守役の被験者は攻撃的になり、囚人役の被験者は服従的になっていく。その行動は次第にエスカレートし、暴走を始めるというものであった。この作品は、役割が人に与える影響力の大きさを物語っている。

日本でも児童の集団心理を研究している田中熊次郎氏は、小学5年生を対象に学級委員という役割の実験を行い、役割のおかげで児童が努力してその役割にふさわしい子供であろうと努力すると解説している。さらに役割性格が身につくと、周囲の評価も上がり、それが好循環になると考えられる。役割というものは危険でもあると同時に、人を大きく育てる箱にもなりえる。

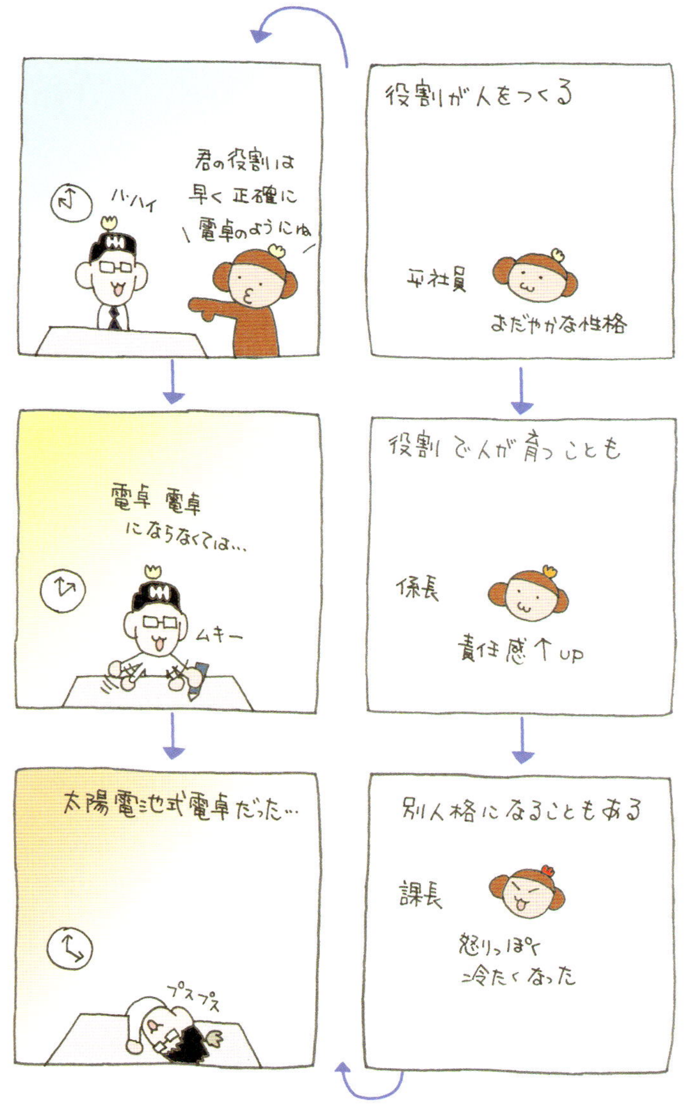
役割が人をつくる
平社員
おだやかな性格
役割で人が育つことも
係長
責任感↑up
別人格になることもある
課長
怒りっぽく
冷たくなった
君の役割は
早く正確に
電卓のようにね
ハ・ハイ
電卓 電卓
にならなくては…
ムキー
太陽電池式電卓だった…
プスプス

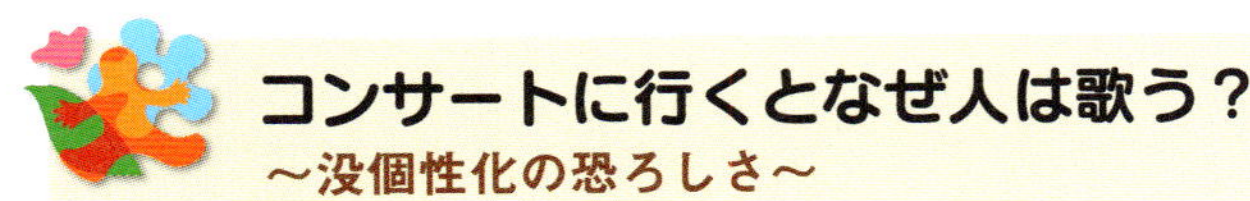

コンサートに行くとなぜ人は歌う？
～没個性化の恐ろしさ～

ふだんおとなしい人でもコンサートやライブに行くといっしょに歌いだしたり、サッカーなどスポーツ観戦をすると大声で応援したりしないだろうか？　集団の中に自己を埋没させると、個人の意識が希薄になる。これを心理学では「没個性化」と呼んでいる。そのため他人から見られていると感じなくなり、「ここでは自分の好きなことをしてもよい」という心理が働く。大きな開放感がさらに自己の欲求を増長する。周りの人は自分のことを知らないし、人間関係の束縛もない。そこで人は大声で歌ったり、大声で応援するようになる。大声を上げることはストレス発散にもなり気持ちがよいものである。そんな症状がまた中毒的に大声を呼ぶ。

この状態が進行すると危険な部分もある。自己を意識することが弱まり、なにをしても自分の行動ではないと感じ始める。この状態が進行した人がサッカーの熱狂的なファンの「フーリガン」である。もちろん、没個性化がすべて社会性を失った行動になるわけではない。社会性を保った集団では、反社会性は生まれにくくなる。

心理学者ジンバルドーは、女子大生を対象に恐ろしい実験を行った。学習実験の罰として、ある学習者がミスをすると、実験参加者が罰を与えるというものであった。実験参加者は大きな名札をつけた人、顔に頭巾をかぶって誰だかわからない人に分類した。その状態で学習者がミスをしたので電気ショックを送るようにと指示をすると、頭巾をかぶった人のほうが長く電気ショックを与える結果となった。没個性化の冷酷さを象徴する実験である。

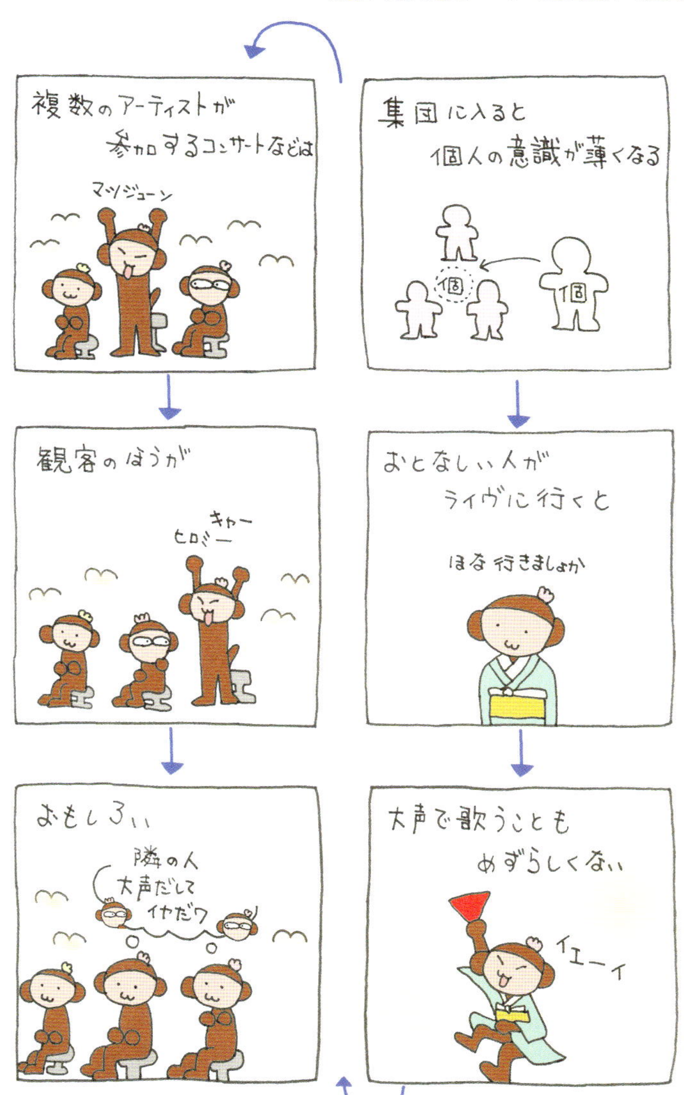
集団に入ると
個人の意識が薄くなる
個
個
おとなしい人が
ライヴに行くと
ほな 行きましょか
大声で歌うことも
めずらしくない
イエーイ
複数のアーティストが
参加するコンサートなどは
マツジューン
観客のほうが
キャー
ヒロミー
おもしろい
隣の人
大声だして
イヤだワ

メールと性格が一致しない人々
〜メール人格とメールのコミュニケーション〜

メールは非常に便利である。細かいやり取りをしなくても「あとでメールしておきます」のひと言で片づく。非常に便利になった一方で、新たな問題もでてくるようになった。その1つが「メール人格」と呼ばれるものである。簡単にいってしまえば、メールの文章から読み取る送信者の性格と実際の性格が一致しないことを指す。たとえば、メールではいつも冷たい書き方をして、怒っているような表現であふれているが、実際はとても温厚な性格の人。非常にていねいな文章を書き誠実な人に思えるが、会ってみるととてもいいかげんな人だったということもある。

通常のコミュニケーションでは、話しながら相手の表情を見る。電話でも声から相手の様子をうかがいながら話す。それは意識的な場合もあるし、無意識な場合もある。人は相手の変化に応じて会話をコントロールしている。いわゆる「顔色をうかがう」という行動だ。ところがメールは、それがない。途中で相手がどう思っても、伝えたいことを最後まで伝えきる。会話では顔色を見て言い方を修正できるが、メールでは修正がきかない。メールを書きながら一種の興奮状態になり、感情や気分などが暴走しやすいこともある。書き方のクセが過剰になると、それも人格と誤解される。メールは送信前に一度相手の気持ちで読んでみるのがよい。

またこれは、受け手側にも問題がある。人間は会話だけでなく、いろいろな情報（目の動き、服装、仕草など）を見て相手の状態を理解し、性格をイメージする。文章だけだと読み取れずに、受け手が勝手に状態や性格をつくりあげてしまうこともある。

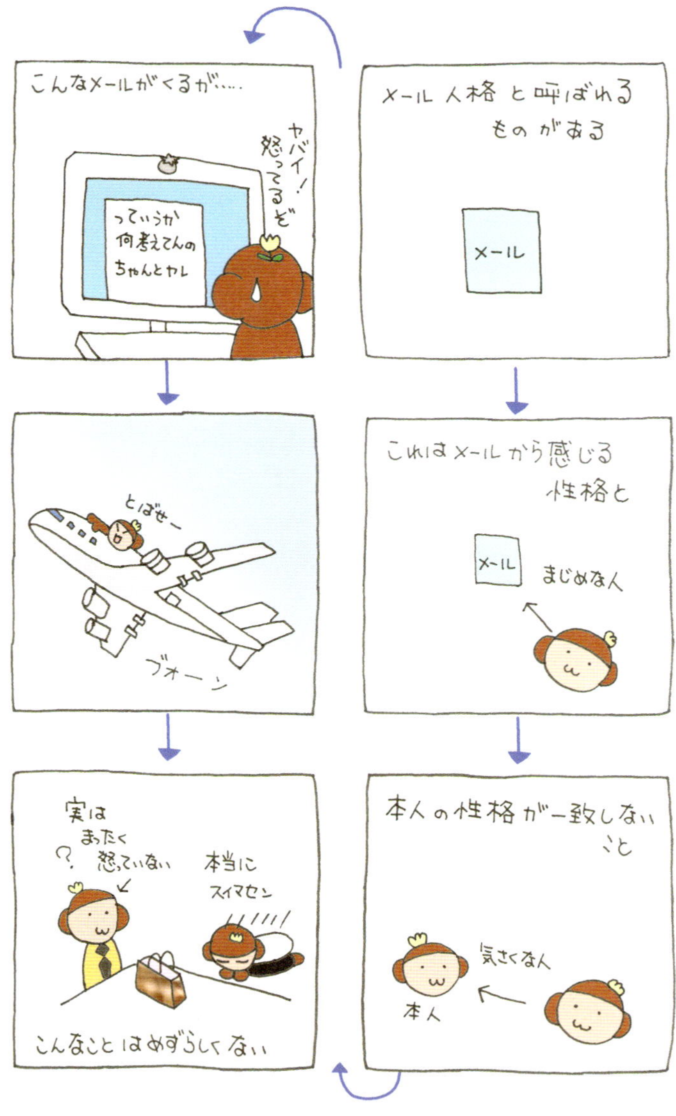
メール人格と呼ばれるものがある
メール
これはメールから感じる性格と
メール
まじめな人
本人の性格が一致しないこと
気さくな人
本人
こんなメールがくるが……
ヤバイ！怒ってるぞ
っていうか
何考えてんの
ちゃんとヤレ
とばせー
ブォーン
実は
まったく
怒っていない
？
本当に
スイマセン
こんなことはめずらしくない

政治家はなぜ料亭が好き？
～政治家の秘技「ランチョン・テクニック」～

政治家の夜の会合といえば料亭。では、なぜいつも料亭なのか？　密談なら個室でよいはず。本来多忙のはずの政治家が、そこまで時間を使っても料亭で食事をするのには理由がある。その1つに、人は食事をしながら話をすると相手の意見に賛同しやすいという特性がある。これは快楽や充実感を共有する相手には好意をもつという心理効果である。また食事をするという行為は、とてもリラックスして気持ち的にも無防備になる。さらに和室の色彩は人の気持ちをリラックスさせる。ベージュやわさび色の室内は、目だけでなく肌を通して筋肉を弛緩させ、体をリラックスさせてくれる。すると相手の主張が心に入りやすい。この効果を利用したテクニックを「ランチョン・テクニック」と呼び、政治家や会社役員などが好んでよく使う手である。このテクニックは日本だけでなく、アメリカの政治世界でも非常によく使われる。

このランチョン・テクニックはいろいろな実験が行われている。軽食を食べながら論評を読むと、なにも食べないときより好意的に解釈する傾向があった。

企業が取引先や従業員に食事を提供し、さまざまな主張や依頼をすることはめずらしくない。最近は、この行為が悪用されることも多い。勧誘をする場合、食事を提供し、タイミングをみはからって勧誘行為を始める。ポイントは食事前ではなく、食事中を狙ってくることだ。この仕組みを理解して、相手の思惑に乗らないように注意してほしい。

食事をしながらだと
パク
パク
相手の意見に賛同しやすい
好意 ← 共有 ← おいしい
さらに料亭などの和室は
効果的である
リラックスできる色
こんどの誕生日に
ダイヤのネックレス
買ってくれる？
これぞ
ランチョン
テクニック
ん～
イイヨ
翌日の夕食….
秘ギ
ランチョン
がえし
ダイヤモンド
買わなくて
イイ？
イイワヨ！

第3章

なぜバーは薄暗いのか？

（恋愛心理学編）

心理学は恋愛のシーンでも活用できる。異性の心理はなかなか理解できない。心理学的にアプローチをして相手を理解し、相手との関係を築くのに役立ててほしい。

人を好きになる理由
～恋が始まるさまざまな要因①～

人は恋愛なしでは生きていけない。人にとって恋愛は非常に重要である。人は恋をするとき、相手のなにに惹かれるのだろうか？　なぜ好きになるのだろうか？

大ヒットした韓国ドラマ『冬のソナタ』の中にあるセリフに興味深いものがある。ミニョンがユジンにサンヒョクのどこが好きかと尋ねると、ユジンはいろいろなサンヒョクの長所を並べる。ミニョンはそれを聞いて笑い、好きなところが多すぎる、本当に好きなときには理由なんてないという。確かに人を好きになるのに理屈はない。思わず「ヨモニ～」と口ずさむ恋愛の名言だと思う。

しかし、本当にそうだろうか。心理学では人を好きになるには理由があると考え、さまざまな研究がなされている。考えられる理由は、実に複雑で多い。ここでは代表的なものを説明したい。自分が相手のなにに反応するのか、自分がどんなとき恋に落ちるのか、過去を振り返りながら考えてみるのもおもしろいだろう。

1.　相手の身体的魅力

簡単にいえば容姿である。あたり前のことだが、心理学の多くの実験からも、身体的魅力の高い人は異性から好意をもたれやすいというのがわかっている。それも自分の身体的魅力とつり合う程度の相手に好意をもちやすい。容姿の似たもの同士は惹かれやすい。誰しも身体的魅力の高い人に恋心を抱くものであるが、自分と照らし合わせて「断わられるのでは」と最初から考えてしまうため、つり合いそうだと思う人を好きになるのである。心理学ではこれを「マッチング仮説」と呼んでいる。

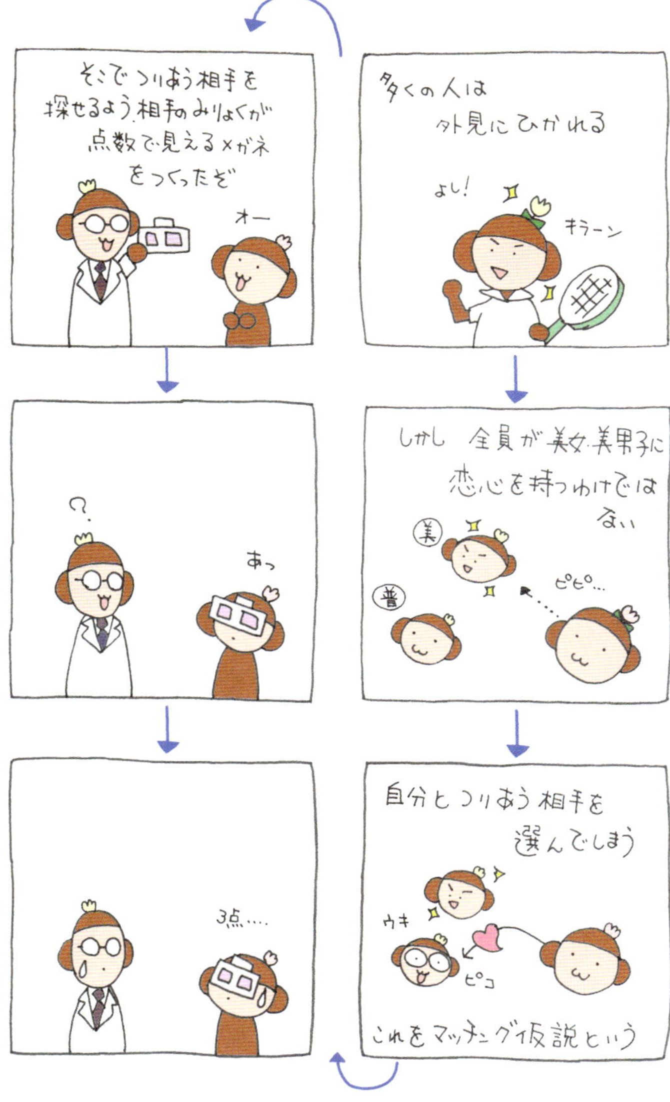
多くの人は外見にひかれる
よし！
キラーン
しかし　全員が美女・美男子に恋心を持つわけではない
美
普
ピピ…
自分とつりあう相手を選んでしまう
ウキ
ピコ
これをマッチング仮説という
そこでつりあう相手を探せるよう相手のみりょくが点数で見えるメガネをつくったぞ
オー
？
あっ
3点……

人を好きになる理由
〜恋が始まるさまざまな要因②〜

2.　自分と似た行動を取る相手

合コンでお互いの見ているテレビ番組がいっしょだったので意気投合し、そのままつき合ってしまったカップルがいる。人は価値観や金銭感覚などが同じ相手を好きになりやすい。テレビ番組といってもあなどれない。これは、態度・行動パターンの類似性が高いほどお互いに好きになりやすい「類似性の要因」という効果である。逆にいうと、趣味・行動が違うと恋は発展しにくい。アメリカの研究結果には、スポーツへの興味に差があるなど、興味の対象が違うカップルは結婚まで到達しにくいというものがある。

たんなる類似性だけでなく、相手が自分よりもややすぐれている場合（尊敬的な状態）でも強い効果がある。

共通の楽しみを語っている場合、人は認知的にバランスのよい状態になる。その状態をできるだけ保とうとするので、相手に好意をもつともいわれている。

3.　性格に対する好み

性格も恋人相手に求める重要な要因である。単純にいえば誰でも性格のよい人に憧れる。ただしどんな性格が好まれるかは個人差が強いので、なかなかいちがいにはいえない。

アメリカではアンダーソンが大学生を対象に555個の性格特性語を用いて、好かれる性格の調査を行った。100人の男女は特性語を0〜6点の7段階で評価。それによると上位は「誠実な」「正直な」「理解のある」「忠実な」「信頼できる」「知的」「頼りになる」「心の広い」など。逆に下位は「うそつき」「下品」となった。

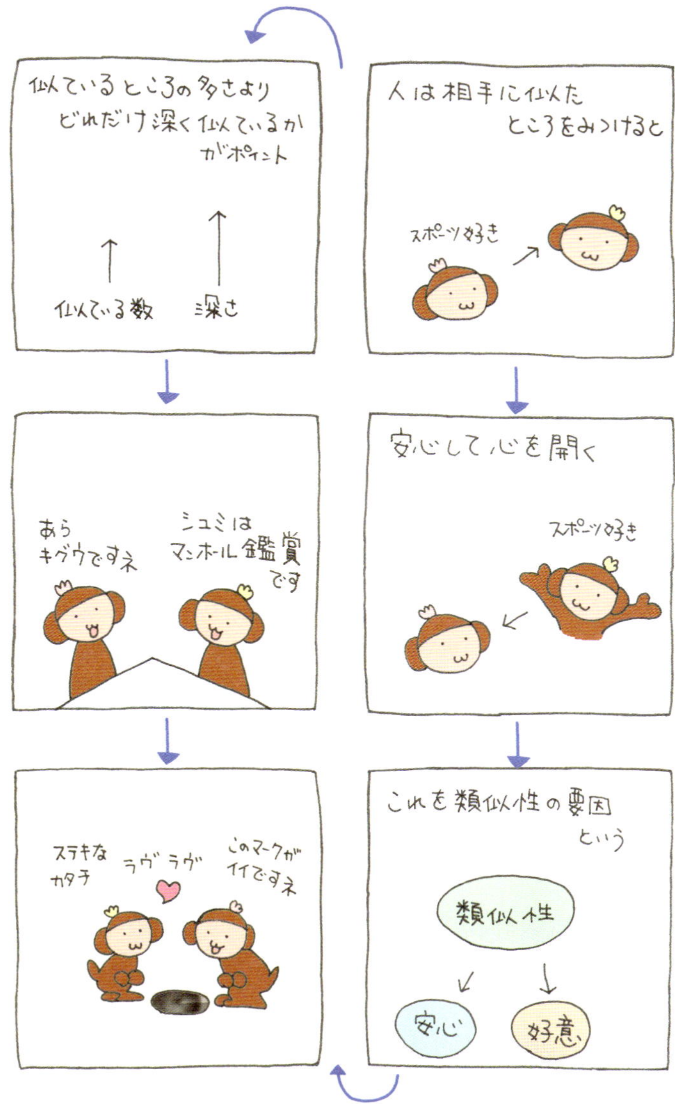
人は相手に似た
ところをみつけると
スポーツ好き
安心して心を開く
スポーツ好き
これを類似性の要因
という
類似性
安心
好意
似ているところの多さより
どれだけ深く似ているか
がポイント
似ている数
深さ
あら
キグウですネ
シュミは
マンホール鑑賞
です
ステキな
カタチ
ラヴラヴ
このマークが
イイですネ

人を好きになる理由
～恋が始まるさまざまな要因③～

4.　相手の気持ちがよくわかること

別れを決意した女性がよく使う言葉で「あなたの気持ちがわからない」という言葉がある。逆にいえば気持ちがわかるということは、2人の恋愛関係には大事な要因なのである。もちろん、恋が始まるときに自分に好意があるという、相手の気持ちがわかっていることも大事。人は自分を好きになってくれる人を好きになる傾向がある。これを「好意の返報性」という。受けた愛情は愛情で返したくなる。

5.　自己の心理状態

なにもすてきな相手がいることだけが恋が始まる要因とはかぎらない。自分自身の状態も重要。一定の興奮状態（気分がよい）のときに、人は誰かと恋をしたくなる。また、誰かといっしょにいたくなる気持ちを「親和欲求」といい、不安な気持ちのときも親和欲求が高まる。

6.　社会的背景・周囲背景

高校生や大学生になると周囲の友人に恋人ができ始める。すると自分も恋人をほしいという心理が働き、恋をしたい気分になる。これは同調行動の1つである。次第に周囲の友人に恋人が増えると、同調行動は次第に強迫観念へと変化、恋人がいないといけないという思いが強くなる。すると、相手への理想とする相手のランクが下がり、恋をしやすくなる。

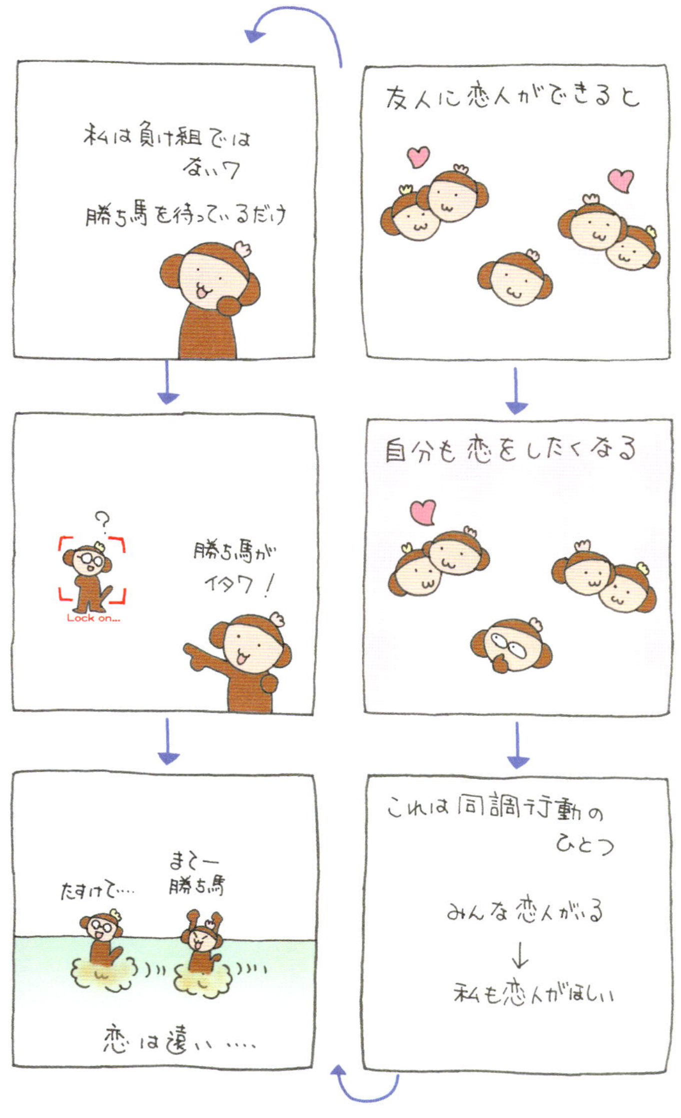
友人に恋人ができると
自分も恋をしたくなる
これは同調行動のひとつ
みんな恋人がいる
↓
私も恋人がほしい
私は負け組ではないワ
勝ち馬を待っているだけ
?
Lock on...
勝ち馬がイタワ！
たすけて…
まてー勝ち馬
恋は遠い….

橋の上で恋が生まれる
～恋のつり橋理論～

恋はいろいろな場所で生まれる。恋をするのに場所など関係ないかもしれないが、恋が生まれるのに効果的な場所がある。それは、足下がすくむような高い場所である。

恋愛心理学において有名な実験がある。カナダの心理学者ダットンとアロンは、2つの橋であるアンケートの実験を行った。1つの橋は谷の数十メートル上にかけられていてグラグラ揺れるつり橋。もう一方は、浅い小川のすぐ上にかけられている頑丈な橋。18～35歳の男性がその橋を渡ると途中で、女性にアンケート調査の依頼をされる。女性は結果が気になるならば後日、電話してほしいと電話番号を男性に渡す。すると後日、つり橋で電話番号を渡した男性のほうが圧倒的に女性に連絡をしてきた。研究結果を知りたいという口実で女性を口説くという。なぜ、つり橋を渡った男性のほうがそのような行動にでたのだろう？　実はこれは揺れる橋でドキドキした感覚を恋愛のドキドキと勘違いすることによって起きる心理効果。「つり橋理論」とか「恋のつり橋理論」という。

つまり、この心理効果を応用すれば、恋愛も都合よく進む。好意ある人を連れて高い場所に行き、ドキドキ感を共有する。難しければジェットコースターのような乗り物でもよい。もっと簡単には、ホラー映画をいっしょに観るのがおすすめだ。アメリカ人の若いカップルは、よくホラー映画を見にいく。若者はその行為が恋につながることをよく知っているのだ。アメリカ人は若者でも心理学の使い方がうまい。

つり橋の上は恋が
生まれやすい
それは高さのドキドキを
恋のドキドキと勘違い
するから
恋の
ドキドキ
←
怖い
ドキドキ
同じ理屈でホラー映画
を一緒に見ると
恋に発展しやすい
怖かったネ
ドキドキしたワ
つまり つり橋が
ホラーになると…
ボー
ん！
最強 ....
ギャー
ドド…ワー
まあ 助かれば....

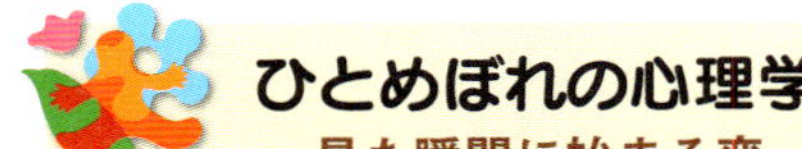

ひとめぼれの心理学
～見た瞬間に始まる恋、その信頼度を考える～

この世に「ひとめぼれ」ほど甘美な言葉はない。ひと目見ただけで恋心を抱くという気持ちは、なんとロマンチックで叙情的なのかと思う。双方でひとめぼれになるケースなどは、偶然を越え神秘的であるといわざるを得ない。

実はひとめぼれのメカニズムは完全には解明されていない。個人差もあって、ひとめぼれをよくする人とまったくしない人がいる。また、生涯で一度だけひとめぼれをしたことがあり、その相手と結婚をしたという例も驚くほど多い。どうしてひとめぼれという現象が起きるのか、現在ではいくつかの仮説がある。

認知心理学の見地から、目や口、鼻などのパーツが似ていると親近感をもち、それが恋心になるというものである。自分に似ているということは何度も見ているわけで、安心感などを抱く気持ちは理解できる。また別の仮説では、免疫タイプのまったく型の違う人に対して、なにかしらの伝達物質を感じて恋をするというものである。確かに自分にない免疫の型を求めるのは、生物学的にも理にかなっていると思われる。おもしろいことに、前者は似たもの、後者は違うものを求めていることになる。

最近では別の仮説もある。一瞬で結論を見抜ける「適応性無意識」と呼ばれる脳の働きである。これは勘とは異なり、人間がもつ瞬間的判断能力で、誰しも一瞬にして物事の本質を見抜ける力があるという。ほれっぽい人に適応性無意識が備わっているとは考えにくいが、生涯に一度だけ起こる人は、自分にふさわしい相手を一瞬で見抜いているとも考えられる。ひとめぼれはたんに一時的な感情ではなく、もしかしたら恋の本質なのかもしれない。

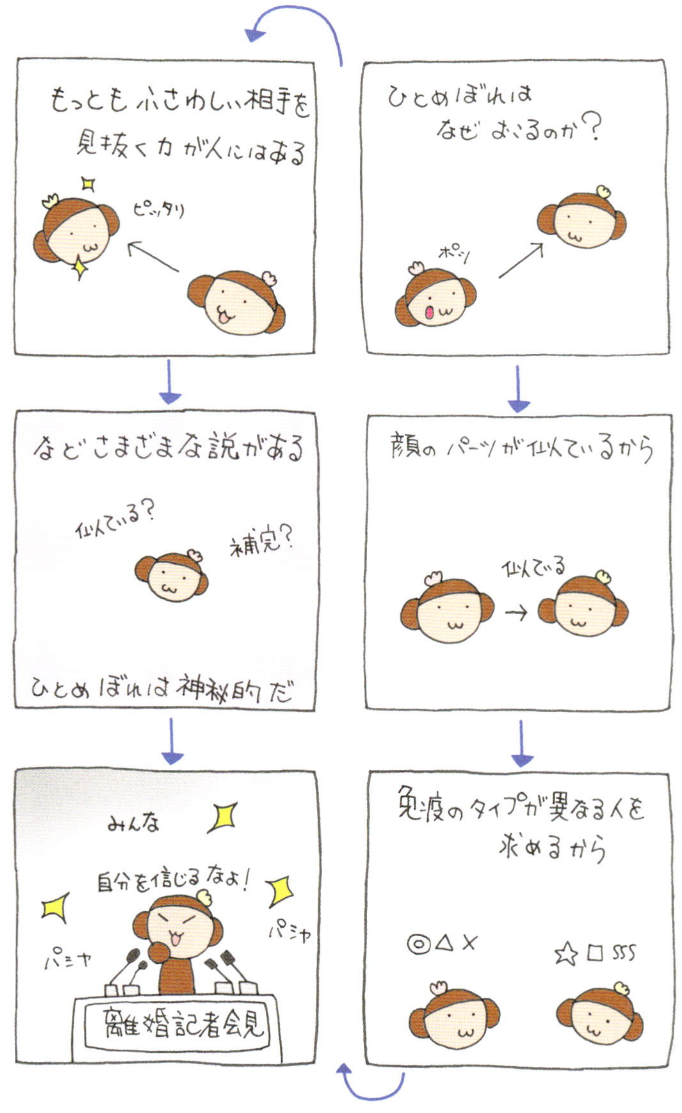
ひとめぼれは
なぜ おこるのか？
ポッ
顔の パーツが 似ているから
似てる
免疫の タイプが 異なる人を
求めるから
もっとも ふさわしい相手を
見抜く力が人にはある
ピッタリ
など さまざまな説がある
似ている？
補完？
ひとめぼれは神秘的だ
みんな
自分を信じるなよ！
パシャ
パシャ
離婚記者会見

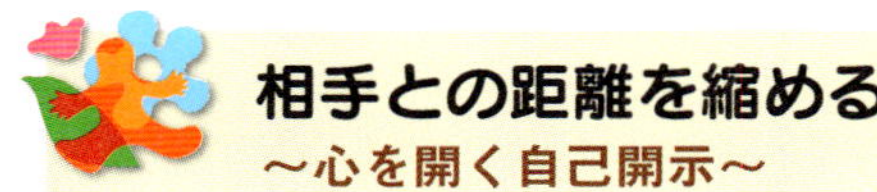

相手との距離を縮める方法
～心を開く自己開示～

ふだん、なにげない会話をしていた男女が、ある瞬間、恋に落ちることがある。また、つき合って間もない2人が、あることがきっかけで関係がぐっと深まることがある。その1つが自分の心を開いて、相手に大事な話を伝えることである。たとえば誰にもいえない自分の秘密や家庭内の問題など、誰にも簡単にはいえない情報を話す。これは「自己開示」といって、いったほうも聞いたほうも親密感が増す。自己開示は親しい相手に行われる行動であるが、逆に自己開示をされると親しい関係と思い込む逆の発想も生まれる。そしておもしろいことに、受けたほうも同程度の自己開示をすることが知られている。これは「相手がそこまで話をしてくれたのだから、自分も話そう」という心理である。これを「自己開示の返報性」という。特に女性はこの自己開示を関係構築にうまく使うが、男性はあまり自己開示をしない傾向がある。

自己開示に似た言葉で「自己呈示」というものがある。自己呈示とは他人から見られる自分を意識して、相手の望ましい姿になろうとする言動である。つまり、意図的に自分をつくることである。1986年中村教授の実験によると、自己高揚的（自慢話的なもの）な話と自己卑下的（謙遜的なもの）な話を実験参加者に自己呈示し、好意がどう変化するかを調べた。自己卑下的な内容に自己高揚的な内容が含まれる割合を変えたシナリオを用意したのだ。すると実験参加者は、60%の比率で自己高揚的な内容が含まれるものをいちばん好ましいと判断した。つまり、自慢話が多すぎても、謙遜的でも話はよくないらしい。

他人に言えないような
ことを自ら話すと
実は子供のころ
サルって言われていて…
エッ!
相手は心を開いて
くれやすい
ホント?
ウンウン
わかるワ
すると相手も同程度の
話しをしてくれることが
多い
実は私も
サルって…
そうして2人は親密に
なっていく
おたがいの
ヒミツを
知ったネ
ただ話はほどほどに
昔、
校長先生の
机にカエルを入れて
ウンウン
それからサル山先生
の机にはウミウシを
たたすけて…
長い自己開示は嫌われる

やはり第一印象は大きい
～第一印象を決定づける「初頭効果」～

2人の出会いにとって「第一印象」は非常に重要である。「私は第一印象で相手を判断しないわ」と多くの女性はいうかもしれない。ところが、少なからず第一印象は人物評価の大きなところを押さえてしまう。

ではここで1つの実験をしてみたい。心をピュアにして、次の2人の紹介文を聞いてほしい。

Aさんは A商事に勤務する28歳の男性。彼は同僚から勤勉でまじめでと評価されている。根気がないのが欠点だが、部下からの信頼も厚い。

Bさんは B商事に勤務する28歳の男性。彼は根気がないのが欠点。同僚からは勤勉でまじめと評価されている。部下からの信頼も厚い。

さて、どちらの人に好感をもっただろうか？　基本的に同じことをいっているので、大きな差はないかもしれない。ところがBさんのほうが「根気がない」という欠点が印象として残ってはいないだろうか？　両方の文は「根気がない」という位置が違うだけである。これを「初頭効果」といい、最初にでてきた内容が全体の印象を決定づけてしまう心理効果である。

このように最初に与えられる情報は重要であり、初対面の人には身だしなみや言葉づかいなどを注意しないと、そのあとの評価まで決められてしまうかもしれない。第一印象は重要である。

刑事になったサル田は
配属初日をむかえていた
どっちだ？
サル田は第一印象の
大事さを知っていた
ジーパン、白のTシャツでさわやかさと
若さを
アピールだ
人は最初にものの評価
を決めがち
アダナは
ジーパンだ
服の名前も
イイネ
ボス
ブオ…
ドワッ
ベチャッ
サル田です
ボス
アダナは
水玉
パンツだ
ボス

会えば会うほど相手を好きになる
～「単純接触の原理」「近接の要因」「熟知性の法則」～

第2章で人にはパーソナル・スペースという特別な空間があることを説明した。この空間はかなりわがままな存在で、好意のない相手には入ってほしくないが、好みの異性には入ってほしいと思う場所でもある。ところが人間とはおもしろくできていて、この空間に長時間いると興味がない相手でも、だんだん好意をもつようになる。これを「単純接触の原理」と呼ぶ。さらに、近距離にいればいるほどその相手に好意をもつようになる。これを「近接の要因」という。たとえば学校や会社のような座席が決まっている場所は、近くの異性ほど好意をもちやすいという傾向がある。さらに、より相手を理解することで好意が増す。これを「熟知性の法則」と呼ぶ。この3つの心理効果が恋愛の王道である。

ところが拒絶反応があまりにも強いと、これらの効果も逆効果。拒絶されても近くにいるほうがよいと、つきまとうのはさらに嫌いな感情を悪化させるのでよくない。

また逆に、お互いの距離が離れていてひんぱんに会えないと恋心が冷める。男女間の物理的な距離が離れていると、心理的な距離も離れてしまう。これを「ボッサードの法則」、われわれは「恋と距離は反比例の法則」と呼んでいる。アメリカの心理学者ボッサードが婚約中のカップル5000組を調べたところ、2人が離れて住んでいるほど結婚にたどり着く確率は低かったという。ロミオとジュリエット効果のように、障害は2人の愛を深めることもあるが、こと距離に関してはなかなか乗り越えることが難しいようだ。

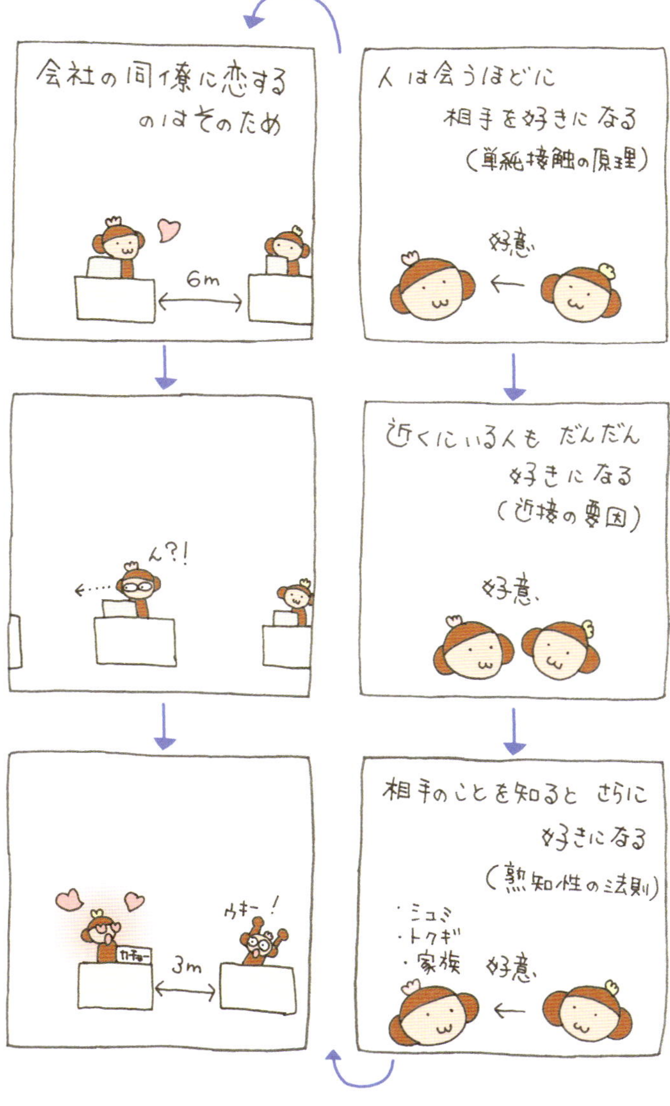
人は会うほどに
相手を好きになる
（単純接触の原理）
好意
近くにいる人も　だんだん
好きになる
（近接の要因）
好意
相手のことを知ると　さらに
好きになる
（熟知性の法則）
・ミュミ
・トクギ
・家族
好意
会社の同僚に恋する
のはそのため
6m
ん?!
ウキー!
カチョー
3m

恋愛番長の口説きのテクニック
～けなしてからほめるのが効果的～

恋愛番長と呼ばれる男がいる。彼は硬派だが恋愛にめっぽう強かった。なぜかというと、彼はチャラ男と違い、女性を前にしてもほめない。いつも「お前って化粧濃いな」と、女性に対して冷たいこと、否定的なことを口にする。ところが彼は心やさしい男なので、ついつい悪いと思い、「きれいな顔をしているんだから、そんなに濃く化粧をするなよ」とつけ加えてしまう。その結果、彼に女性はほれてしまう。これはどういう現象だろう？　では下記の文章の中でいちばん印象に残るものはどれか考えてほしい。

- **最初から最後までほめとおす**
- **最初にほめて、次にけなす**
- **最初にけなして、次にほめる**
- **最初から最後までけなし続ける**

実はこの中でもっとも相手が好印象に思うのは、「最初にけなして、次にほめる」というほめ方なのである。一度けなされることで、相手は自尊心が傷つく。そのあとにほめられると、下がったところから上がるので、とてもほめられた気がする。女性をほめるのに効果的な方法である。いちばんやってはいけないのは「最初にほめて、次にけなす」こと。非常にけなされた気がする。ところがけなす落差が低かったり、言い方や使い方次第では、最初にほめることで「初頭効果」という第一印象がつくられ、次にけなしても相手は悪い気にならないときがある。同じように「最初にけなして、次にほめる」方法も、落差を狙って最初にあまりにひどいことをいうと、あまり効果は見込めない。

恋愛番長という男は
女性をけなしてから
オマエ
サルだな！

ほめる
でも
サルの中では
イチバンだ！
ホント？
言いすぎたから

すると相手は好意を
持ちやすい
ビョーン
自尊

別のところに恋の裏番長
という男がいた

彼も最初にけなすが….
オマエブサイクで
性格も….
けなしすぎて….

次のセリフまで…
アッタマにくる
たどりつかなかった….

なぜバーは薄暗い？
～暗闇にある恋のチャンス～

カウンターに薄暗い照明、ちょっと怖いマスターがいてなかなか入りにくいバー。大人がお酒をたしなむ場所である。このバーが薄暗いのには、いくつか理由がある。人間を含め生物の多くは、明るいところに目がいく。薄暗いことによって情報を遮断すれば、ゆっくりとお酒を楽しむことができるからだ。

でも、それだけではない。男女が愛を語るには、この薄明かりがよい。心理学者のガーゲンは明るい部屋と暗い部屋で、男女の行動にどう変化があるか調べた。すると暗い部屋では、体を密着させ親密感が急激に強くなった。暗い照明は男女を親密にさせる効果がある。また、人はお酒を飲むと視認性が悪くなる。すると男性は、女性を容姿以上に「美人」と評価する傾向がある。薄暗いとその効果は絶大。またバーは、男性が女性にセンスをアピールする演出道具でもある。女性にとっては「知っているバーに連れていって」と男性の自尊心を刺激しつつ、自分がきれいに見える場所と、まさに一石二鳥の場所。居酒屋だと向き合う可能性もあるが、バーは密着して座る。隣同士の距離は約70～80cm。相手のパーソナル・スペースに入り込める。相手のパーソナル・スペースに長時間いると、恋に発展しやすくなる。

アメリカ西部開拓時代、酒場ではアルコールを量り売りしていた。ところが酔った客が勝手に樽から酒を飲もうとするので、客席と樽の間にバー（横木）を置いた。バーはその後カウンターになり、現在のような形になった。つまり、カウンターはお酒を飲みたい気持ちを抑えて、その思いをかたわらにいる相手に向けるためにあるのである。

バーが薄暗いのには
理由がある
キュ
キュ
暗いと情報が
遮断される
から
暗い
おちつく
みえない
お酒が楽しめる
それだけでなく
親密感が増す
効果も
さらに美人にも見える
バーは男女にとって
最高の場所である
マスター 会計！
会計
ビール 6万
バナナ 8万
計23万
ピコ
ボッタクリバーでなければ

なぜホテルのバーは最上階にあるのか？
～そこはまさに恋愛における最高の空間～

多くのバーは地下などにあるが、ホテルのバーは最上階にある。これは長年多くの恋愛心理学者の疑問点であった。しかしその疑問は、数多くの修羅場をくぐり抜けた心理学者の実験によって、現在ではほぼ解明されている。都市部にあるホテルのバーから見る夜景は、実に美しい。人は気分がよいときには、いっしょにいる人物の印象もよくなってしまうという心理効果がある。お酒や食事を楽しみながら夜景を楽しめば、その効果は絶大であることがわかった。体を密着させる空間で、美しいものやおいしいものを食べてよい気分を共有。さらに薄暗い空間であるホテルのバーは、2人の関係を進めるのに最高の空間である。また、店内の雰囲気をつくるのに、客層も重要。ホテルには外国人の利用者がいる場合もいる。不思議なことに店内に外国人がいるというだけで雰囲気がぐっとよくなる。どんなインテリアよりも効果的である。

ここで男性なら気の利いたひと言をつけ加えたい。「恋愛マスターヨーダ」と呼ばれるある恋愛の達人がいる。彼は背が低くて美男子ではない。彼は何回目かのデートの最後に、かならずホテルのバーを使う。女性が「きれいな夜景ね」といったら、すかさず「キミのほうがもっときれいだよ」と返し、ほぼ100%の確率で女性を落とすという。いつの間にか彼の手にはキーが握られている。それはまるでフォースでも使ったように鮮やかだ。バーはホテルの最上階にあるので、バーの下にあるホテルの部屋まで女性を連れていきやすい。われわれはこれを「恋のシャワー効果」と呼んでいる。女性は注意したいシチュエーションだ。

ホテルの最上階にある
バーは恋愛に使える
キレイな夜景は2人の
関係を発展させる
さらに暗やみにうかぶ
光には暗示効果も
またホテルのバーには
外国人がいることも
これはインテリアよりも
効果的である
なんか
イイフンイキネ
来週は
イタリア人ですね
チワー
ドイツ人
回収します

恋のSVR理論
～恋愛は3段階～

恋にも理論がある。マースタインの「SVR理論」では、2人が出会ってから結婚に至るまでには3つのステージがあるという。

S段階　刺激ステージ（Stimulus）
相手の外見や行動、性格などから刺激を受ける
V段階　価値ステージ（Value）
考え方や行動が似ていることが重要になる
R段階　役割ステージ（Role）
互いの役割を分担してお互いに補完し合う

最初の出会いでは、容姿や行動、性格などが重要。外部からの刺激を受ける段階で、人から聞いた評判なども含まれる。出会いを経てつき合った2人は、価値のステージに進む。ここではともに行動することが多くなり、趣味嗜好や価値観が類似しているかがポイントになる。さらに関係が進むのには、価値観が近いだけでなく、お互いの役割を分担することが重要。たとえば、支配的な女性と服従的な男性、援助が好きな女性と援助を求める男性などである。実際、ほかの心理学者も、夫婦関係がうまくいくには、お互いに補える関係の相補性説をとなえている。

つまりSVR理論とは「外見や行動で惹かれて出会い」「お互いの価値観を認め合い恋人となり」「補完し合う関係になって結婚する」と発展するというもの。結婚までいけなかったカップルは、どこか補完し合えなかったのかもしれない。恋人で別れてしまうのは、価値観を認め合えなかったのかもしれない。

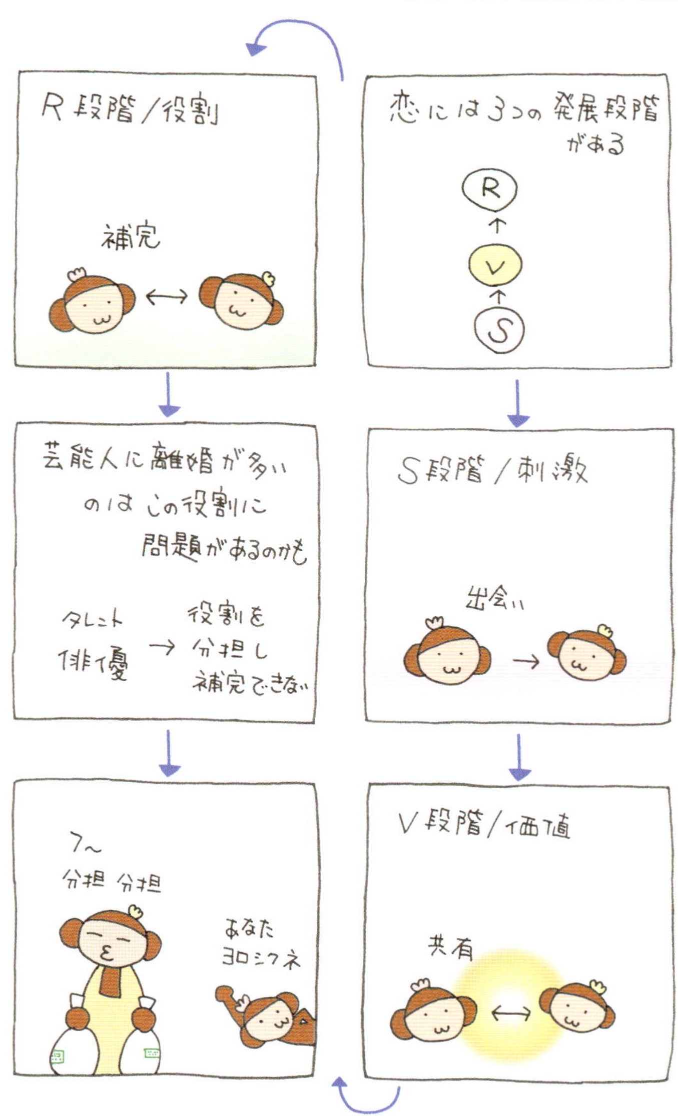
恋には3つの発展段階がある
R
V
S
S段階／刺激
出会い
V段階／価値
共有
R段階／役割
補完
芸能人に離婚が多いのはこの役割に問題があるのかも
タレント
俳優
役割を分担し補完できない
7～
分担 分担
あなたヨロシクネ

女性が「59」にこだわる理由
～同調効果と男性が好む体型の研究～

いろいろな業界で暗黙のサイズというものがある。たとえば企業で使われる書類はA4、名刺は91×55mm。缶ジュースは350ml、ペットボトルは500mlというぐあいである。このサイズはモデル業界にもある。モデルの宣材（宣伝材料）を見ると、かなりの女性がウエスト59cmなのである。個性が強調されて久しいこの現代で、みんなウエストが59cmはありえない。これはどうしてだろうか？モデルの世界では、W50台というのが暗黙のルールになっている。W63でもW65でも、みんなW59と書くのだ。これも「同調行動」である。ウソだと思われても1人だけ取り残されることに恐怖心をもってしまう。特に自分に自信がないものに関しては、それは顕著にでてくる。多くの女性は自分の体型にコンプレックスをもっている。体型に関しては、みんな同調行動をとってしまう。女性特有の心理行動である。

なぜ、女性がW50台にこだわるようになったかはわからない。見た目がよいこともあるだろうが、美しいと思われる体型だという信仰もあるだろう。おもしろいことに心理学の世界では、女性が美しく見える体型の研究も行われている。海外のある実験では、男性がもっとも好む女性のウエストとヒップの比率を研究している。それによると男性は、圧倒的に比率0.7の女性を好んだ。0.7というのは、W59に対してH84のことをいう。たんにウエストが細いだけではダメ。この比率に男性は弱いのだ。女性のサイズを見ただけで燃え上がる男性はいない（いたらかなり怖い）。リアルな体型をこの比率に近づけると男性を虜にできるかもしれない。

モデルのウエストは
みんな59cm
B82
W59
H81
B88
W59
H86
B-
W59
H-
これは同調効果の
ひとつ
私もプロフィールには
59と
一種の目標数値
かもしれない
W59
めざすわよ
特にコンプレックスや
強迫観念があると
同調は強くでる
えーと
私も
えーと
もじ
もじ
小学校などでわかってなくても
手をあげる心理と同じ
わかったん？
そんなときにかぎって
あたるもの….
サル郎くん
あっ

第4章

知覚と記憶の不思議

（認知心理学編）

人間が情報の8割以上を判断するといわれている視覚は、意外と頼りない感覚器である。ここでは頼りない視覚、すぐれた聴覚などのおもしろい効果や記憶のメカニズムについての話をする。

認知心理学とは？
～「知」を研究する心理学～

一般的に「認める」「わかる」という意味で「認知」という言葉をよく使うが、心理学でいう「認知」は少々意味が異なる。認知心理学とは、知覚、記憶、思考、学習といった「知」のジャンルを扱う。つまり人間の「見る」「聞く」「記憶する」などのメカニズムを研究する学問である。情報工学的な用語が多用され、理解するのが難しいジャンルでもある。ここではできるだけ簡潔に、簡単な表現で説明してみたいと思う。難しいと思われるが、その反面、心理学の中でも非常におもしろいジャンルといえる。

認知心理学は、使いやすい電気製品や運転しやすい自動車、見えやすいテレビやパソコン、携帯電話の画面などの開発研究にも使われている。同時に、視覚や聴覚に障害をもった人への貢献も期待できる。人工の眼の開発などにも役立てられており、未来感のある心理学でもある。

たとえば認知心理学で記憶というものを考えてみる。ここで問題。人間が瞬時に記憶できる数字は何桁だろうか？　4桁ぐらいだろうか、それとも10桁も覚えられるだろうか。ミラーによると、人間が短期で記憶できる数字は7つで、個人差で±2個程度だという。一般の電話番号は市外局番を除けば6～7桁、携帯電話も「090」「080」を除けば8桁である。これは認知心理学的に、短期で記憶できる最大の数字である。「090-OOOO-OOOO」など、4つの数字を2つセットにしてあるのも憶えやすい数字の組み合わせ。ところがたんに8桁になると、多すぎて覚えられなくなる。携帯番号や電話番号の長さは機能的であるといえる。

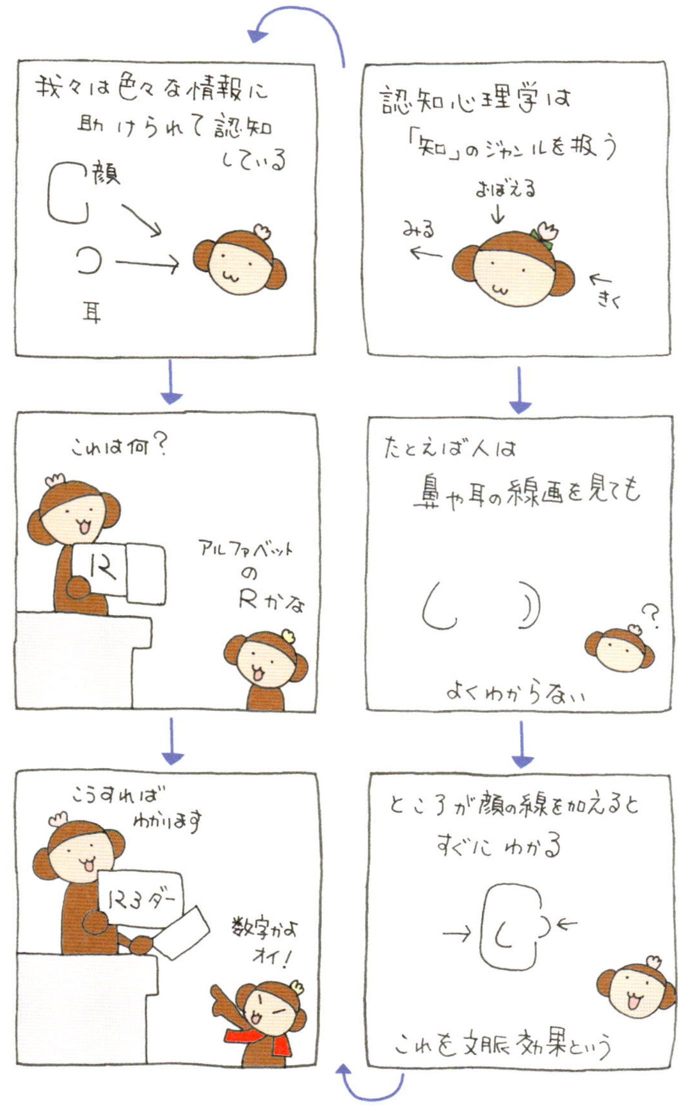

認知心理学は
「知」のジャンルを扱う
おぼえる
みる
きく
たとえば人は
鼻や耳の線画を見ても
よくわからない
ところが顔の線を加えると
すぐにわかる
これを文脈効果という
我々は色々な情報に
助けられて認知
している
顔
耳
これは何？
R
アルファベット
の
Rかな
こうすれば
わかります
R3ダー
数字かよ
オイ！

感覚機能の働きと特徴
～知覚を支える5つの感覚機能～

人は眼、耳、鼻などの器官を使って外部の情報を入手し、脳に取り入れて状況を判断する。この情報を認識する働きを「知覚」と呼んでいる。同じ情報を得ると人は同一の行動をすることもあれば、人ごとにまったく異なる行動をとることもある。ここでは知覚をするのに必要な、代表的な感覚機能について説明する。

・視覚／光が網膜の視細胞を刺激する

感覚の中でもっとも情報量の多いもの。個人差はあるが、8割以上は視覚に頼って物事を認知している。そのわりに間違いをおかしやすい頼りない感覚。

・聴覚／空気振動が鼓膜から内耳に伝わる

視覚に次いで情報量の多い感覚。ただし、その量は視覚と比較して1/10以下。視覚と違って全方向の情報を受け取れる。距離や方向まで特定できる優秀な機能をもつが、視覚同様に間違いもある。

・触覚／皮膚にある感覚点を刺激する

直接接触した情報をとらえることができる。視覚や聴覚と違って間違いをおかしにくい。特に指先は敏感。

・嗅覚／空気中の粒子が鼻の嗅細胞を刺激

記憶や精神と強く結びついており、特定の臭いが記憶の引き金になっていたり、心地よい香りで気持ちがリラックスすることもある。嗅覚は原始的な感覚。動物と比較して人間の嗅覚機能は弱い。

・味覚／刺激物が舌の味蕾を刺激

感覚機能の中でもっとも弱い。本能と強い結びつきがあり、味覚の刺激を求める人は多い。舌という限定した場所のみで機能する。

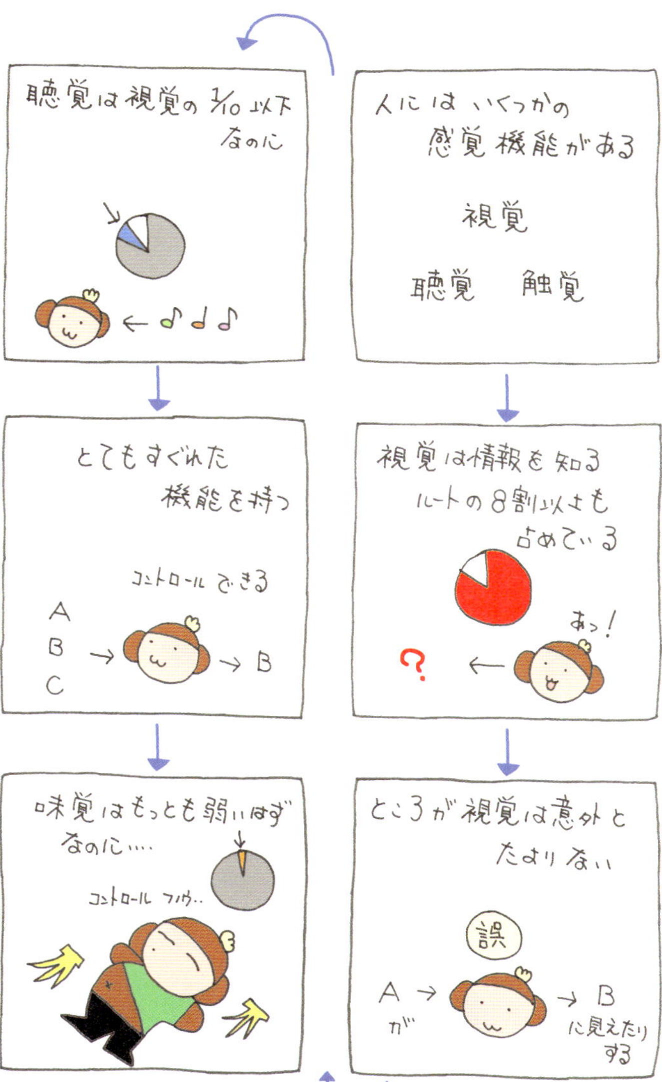

人には いくつかの
感覚機能がある
視覚
聴覚
触覚
視覚は情報を知る
ルートの8割以上も
占めている
あっ！
?
ところが視覚は意外と
たよりない
誤
A
が
→
→
B
に見えたり
する
聴覚は視覚の1/10以下
なのに
とてもすぐれた
機能を持つ
コントロールできる
A
B
C
→
→
B
味覚はもっとも弱いはず
なのに……
コントロール フノウ‥

暗闇に目が慣れるのはなぜ？
～暗順応と明順応～

夜、部屋の電気を消すと真っ暗でなにも見えないが、次第に部屋の様子がわかってくる。映画館なども最初はなにも見えなかったのに、次第に座席の場所がわかる。暗闇に目が慣れるこの現象。これを「暗順応」という。逆に、暗いところから明るいところにでるとまぶしくて目が細くなるが、次第に慣れてよく見えるようになる。これを「明順応」という。順応とは、刺激に対して感覚機能を変化させることをいう。環境に対する適応的変化である。

明順応はわりと早く対応できるが、暗順応は時間がかかる。これは網膜内にある色素体ロドプシンの機能が影響している。さらに、高齢者は暗順応に要する時間が長くなり、感度も弱くなるといわれている。高齢者には部屋を急激に暗くしない、照明も真っ暗にしないなどの配慮が必要である。

この暗順応、明順応を配慮した場所がある。高速道などにあるトンネルはこの順応を配慮した構造になっている。トンネルに入ると暗くなり、抜けると明るくなるが、トンネルは照明に工夫がされている。目を慣れさせるために、入口付近と出口付近では照明が多い。これにより、ドライバーは段階的に明るさを受け、突然目が機能しなくならないようにしている。もし、トンネルが真っ暗だったら、多くのドライバーはトンネルに入った瞬間パニックになるはずだ。昔はその配慮がなかったために、トンネル事故が多かった。昔のドライバーは、片目をつむってトンネルに入るなどの調節を自分でしていたという。

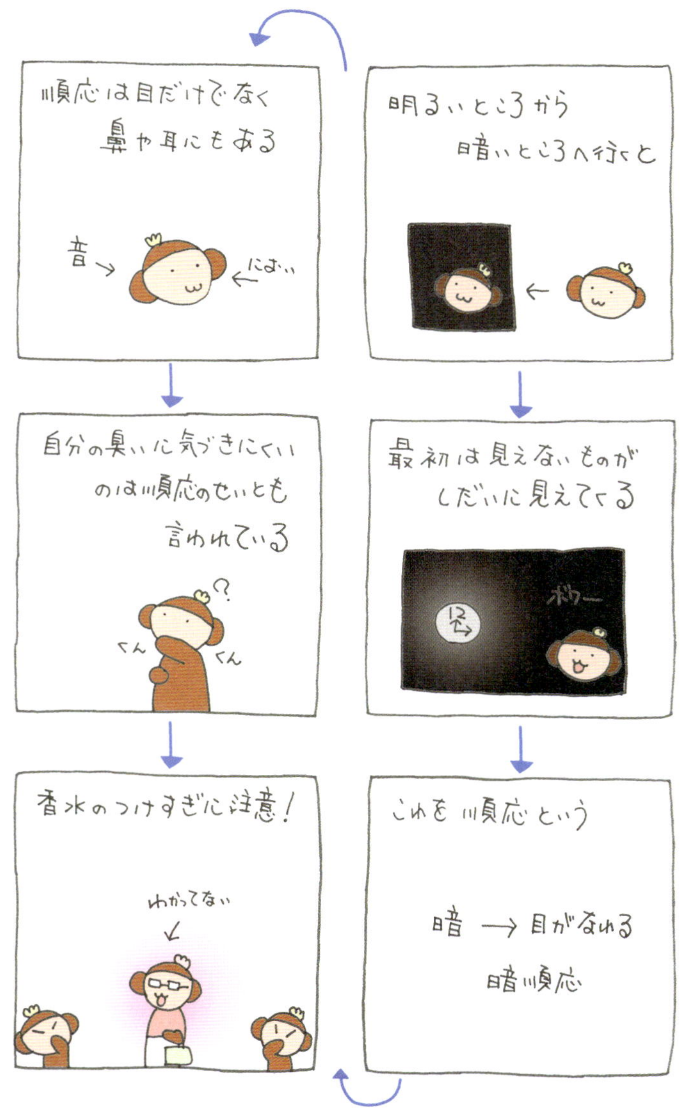
明るいところから
暗いところへ行くと
最初は見えないものが
しだいに見えてくる
ボワー
これを順応という
暗 → 目がなれる
暗順応
順応は目だけでなく
鼻や耳にもある
音 →
← におい
自分の臭いに気づきにくい
のは順応のせいとも
言われている
?
くん
くん
香水のつけすぎに注意！
わかってない

誰もがとまどうストループ効果
〜2つの情報が干渉し合う現象〜

簡単な実験を行いたい。まずは下記の漢字を読んでほしい。

青　黄色　赤　緑　青　赤　緑　黄色

続いて、下記の色を答えてほしい。

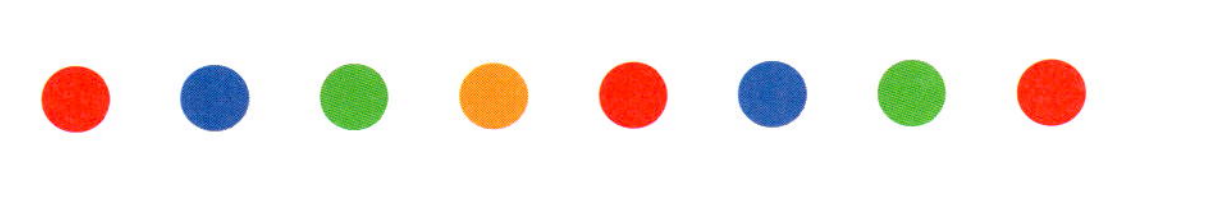

特に2問とも問題はなかったと思う。では続いて、下記の文字色を答えてほしい（文字ではなく色）。

黄色　緑　赤　青　緑　赤　黄色　青

どうだろうか、一瞬混乱しなかっただろうか。このように文字の意味と文字色など、同時に2種類の情報を処理しようとすると、干渉し合って反応が遅れる。これは、単語を読むスピードが色名を認知するスピードよりも速いために起こるといわれている。この現象は発見した心理学者ストループの名前を取って「ストループ効果」と呼ばれている。文字の色を答えなくてはいけないが、ついつい瞬時に読める漢字を答えてしまいそうになる。特に年配になるほど、その傾向は強くなる。

色と文字
2種の情報が干渉すると
色は青
文字は赤
赤
認知のスピードが落ちる
えーと
えーと
これをストループ効果という
red　blue
色を言って
えーと
えーと
OK
←5秒→
青
えーと
えーと
みどりです
あのー
色なんですけど
0.2秒
バナナ
バナナ
今日の教訓です
食欲の一念
ルールも無視
?

ややこしさや大きさの恒常性
～距離感と大きさ～

下の絵を見てほしい。2匹のミホンザルが廊下にいる絵である。左側はなんの変哲もない絵だが、右側は変だと思われるだろう。

実際に2匹のミホンザルは、右側図にあるようにサイズが大きく異なる。ところが左側のように奥行きのある場所に配置すると、違和感なく感じる。

これを「大きさの恒常性」という。対象物の距離が変われば、当然見た目の大きさは変わる。ところが人は視覚を自動的に修正して、実際の大きさを推測してしまう。特に人の身長、ペットボトルの大きさ、車の大きさなどは、経験的に大きさを知っている。だからそれを優先して把握してしまうのだ。

この恒常性はとても強力な効果があり、見たままの風景で絵を描こうとすると、正しい比率の絵が描けなくことがある。風景画などを描くときには知っておきたい効果である。

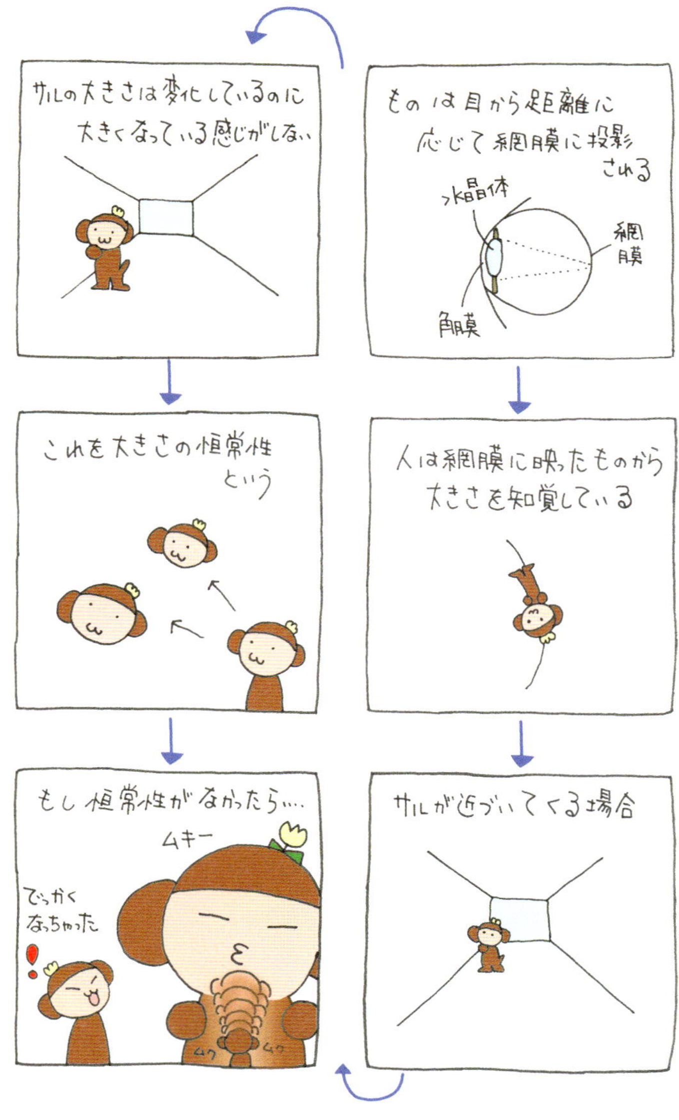
ものは目から距離に
応じて網膜に投影
される
水晶体
網膜
角膜
人は網膜に映ったものから
大きさを知覚している
サルが近づいてくる場合
サルの大きさは変化しているのに
大きくなっている感じがしない
これを大きさの恒常性
という
もし恒常性がなかったら…
ムキー
でっかく
なっちゃった
ムク
ムク

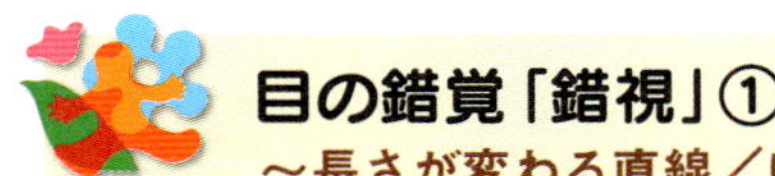

目の錯覚「錯視」①
～長さが変わる直線／ゆがむ直線～

常識や固定概念が視覚に与える影響を説明したが、視覚に関する錯覚もある。それを心理学では「錯視」と呼んでいる。錯視はいろいろな理由で起こるが、自分がもっている情報処理のパターンが固定されているために起こると考えられている。

■ミュラー・リヤー錯視

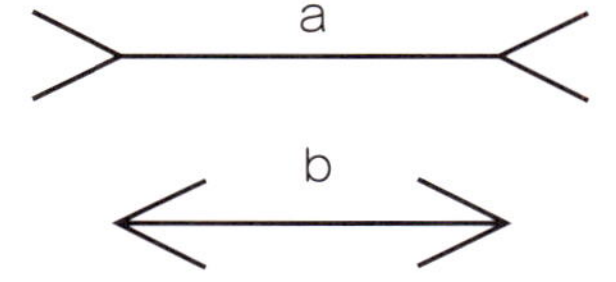

aとbの中心にある線の長さは同じだが、bのほうが短く見える。長さの錯覚

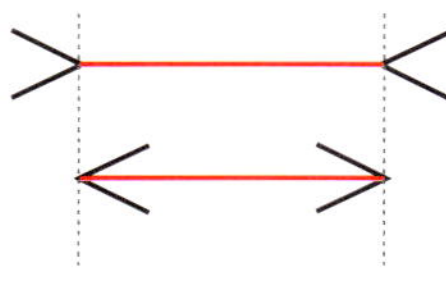

■ボールドウィン錯視

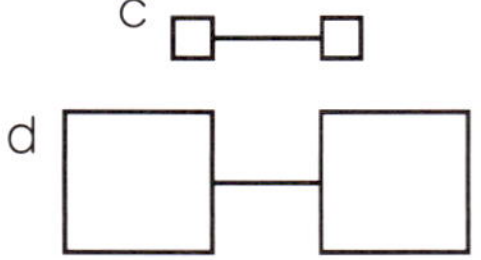

四角で挟まれた線。cよりdのほうが短く感じる。これは、四面によって奥行きを感じることによる錯視だと思われる

■ポンゾ錯視

三角形の内部に平行で
同じ長さの2本の線を
入れる。すると、上の
ほうが長く見える

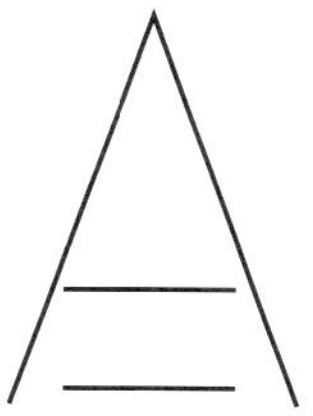

■ツェルナー錯視

横4本の線は平行だが、
斜線の影響でゆがんで
見える

■ヘリング錯視

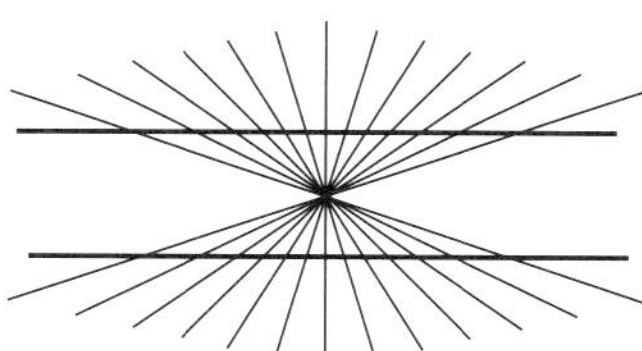

平行な2本の水平線は、
斜線の影響で外側に膨
らんで見える

■ヘフラーの図形

交差する直線の背景に
ある斜線の影響で、線
がゆがんで見える錯視

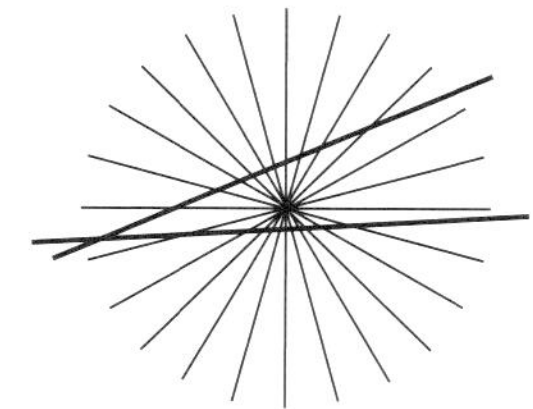

目の錯覚「錯視」②
～ゆがむ直線／距離感覚～

■オルビゾン錯視

長方形は、線が内側にへこんで見える特性がある。同心円を重ねるとそれがさらに強調され、長方形がゆがんで見える

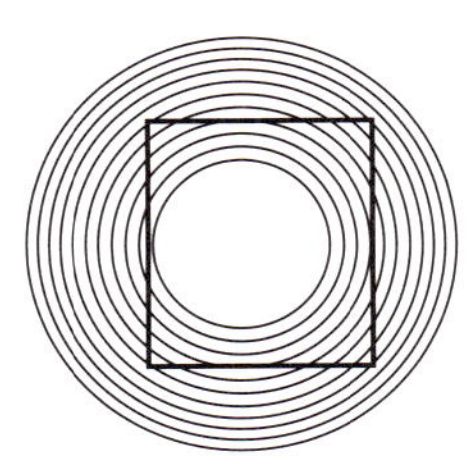

■ポッゲンドルフ錯視

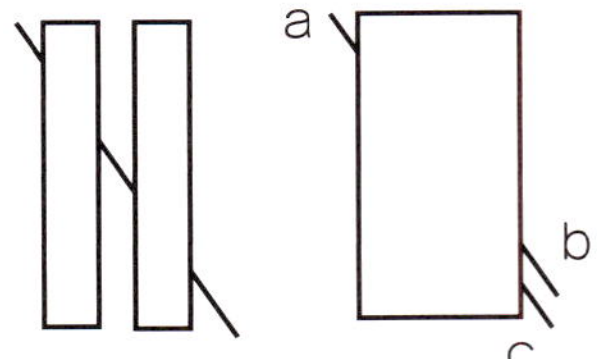

斜めの線を長方形で隠すと、直線がゆがんで見える。aとつながっているのはbにも見えるが、実はcである

■オッペル・クント錯視

dとeの間隔とeとfの間隔は同じだが、等間隔に線を入れたdとeの間隔のほうが広く感じる

四角形は錯視によって
ラインが内側にへこんで
見える特性がある
パルテノン神殿や
法隆寺の柱は
そのため
まん中がふくらんでいる
フーン
これをエンタシスと呼ぶ
体型が
エンタシスねえ
うん
ウキ？
それは
ただの
メタボ!!

目の錯覚「錯視」③
～大きさが変わる～

■デルブーフ錯視

ピンクの円は同じ大きさだが、外にある同心円の大きさに影響を受けてサイズが異なって見える。大きい同心円に囲まれるほうが小さく見える

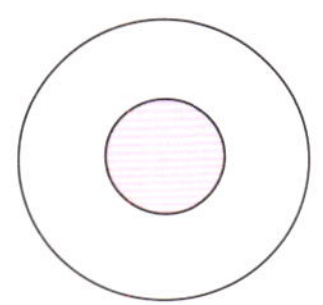
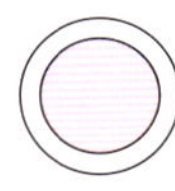

■エビングハウス錯視

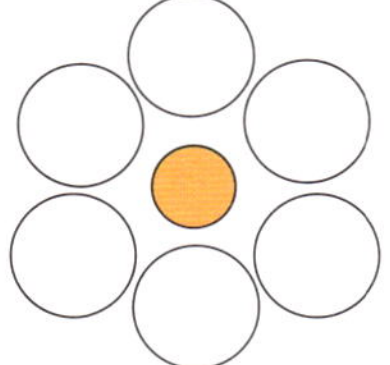
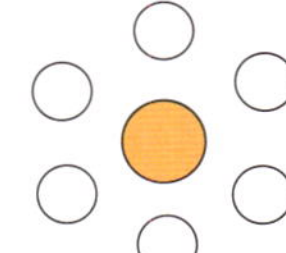

オレンジの円は同じ大きさだが、大きい円に囲まれると小さく、小さい円に囲まれると大きく見える

■フィック錯視

aとbの長方形は同じ大きさだが、bのほうが長く大きく感じる

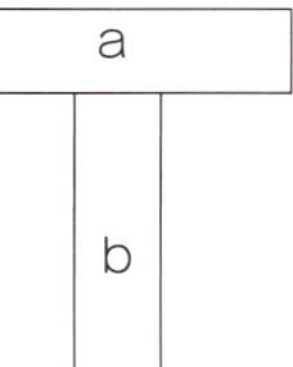

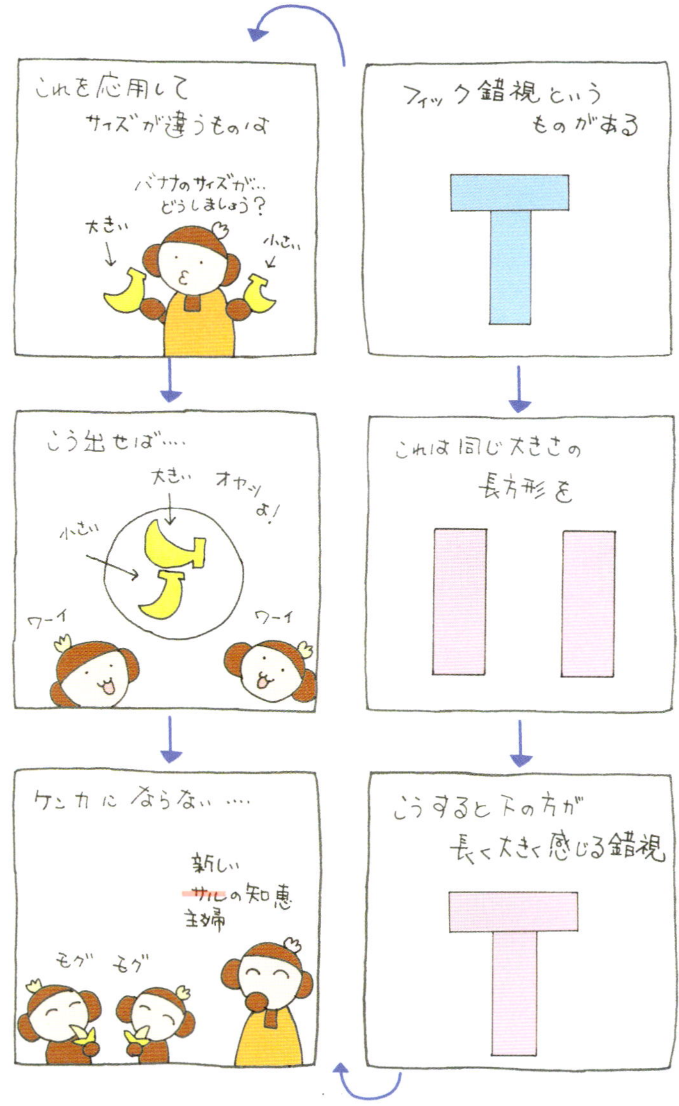

フィック錯視という
ものがある
これは同じ大きさの
長方形を
こうすると下の方が
長く大きく感じる錯視
これを応用して
サイズが違うものは
バナナのサイズが…
どうしましょう？
大きい
小さい
こう出せば….
大きい
オヤツよ！
小さい
ワーイ
ワーイ
ケンカにならない….
新しい
サルの知恵
主婦
モグ モグ

目の錯覚「錯視」④
～色の錯視～

■色の対比効果

中央にあるグレイの色が背景色の影響を受けて、
明るく見えたり暗く見えたりする

■マッハ・バンド

色が接する部分同士が影響を受けて、暗いところ
と接しているところが明るく見える

■ネオンカラー効果

縦と横が交差する部分に薄い色をつけると、まる
でネオンのようにぼやっと色が広がって見える

■格子柄の幻影（エドワード・エーデルソン錯視）

1つ強烈な錯視を紹介する。下記の絵をごらんいただきたい。格子状の柄に円柱の影がかかっている。別にふつうの絵に見えると思うが、このAのマスとBのマスはなんと同一色なのである。

これを制作したのは、マサチューセッツ工科大学のエドワード・エーデルソン教授。このAとBがまったく別の色に見える理由は、色の対比効果による現象が1つ。Bが暗い色に囲まれているので、実際の色よりも明るく見えてしまう。もう1つの理由は、円柱の影になっていることで、人間の視覚が、影の中にあるものだから暗いと認識してしまうからだという。影と影でないところがぼやけているのも、その効果を増している。

それでも本当に同じ色だと信用できない人のために、補助色のラインを入れたものが右図。人間の視覚がいかに頼りないか、ご納得いただけただろうか？

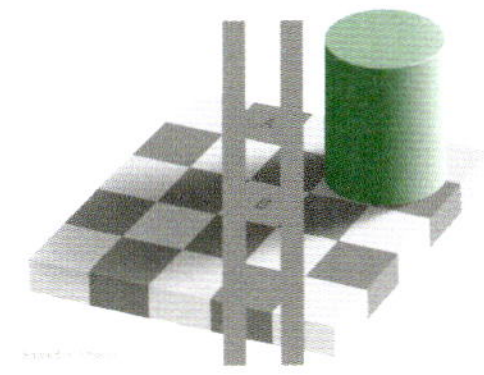

出典：http://web.mit.edu/persci/people/adelson

目の錯覚「錯視」⑤
～主観的輪郭～

視覚は見えないものを推測でつくりだすという例を紹介する。カニッツアの三角形は、三角形があたかもあるように浮き上がって見える。後ろにある三角形が見えないのは、前に障害物があると推論し、存在しない三角形をつくりだすからだ。

■カニッツアの三角形

黒円に切り込みを入れて、底辺のない三角を並べると存在しない三角形が浮かび上がる。黒い丸との対比効果で三角が浮き上がる

■浮き上がる立方体

赤い丸の上に模様があるだけにも見えるが、カニッツアの三角形と同じく円と円の間にはなにも描かれていないのに、あたかも立方体がそこにあるように見える

カニッツアの三角形のように
存在しない線が見えることがある
目では見えてないのに脳が線を生みだしている
こうすると
ほしだ
さらにうごかすと
ワクワク
なんじゃそれ!

視覚・聴覚・味覚の錯覚
～錯覚は視覚でなくさまざまな感覚器を惑わす～

■視覚に影響される聴覚／マガーク効果

テレビなどで「ガ」と発音している映像の上に、「バ」と発音した音声を重ね、再生すると「ダ」もしくは「ガ」と聞こえる。これは耳と目で矛盾した情報が重なるとき、人は視覚を優先する現象。イギリスの心理学者マガークの実験によって発見された。

■無限音階／シェパードトーン

無限に階段が続くだまし絵の「ペンローズ」の音階板。ド・レ・ミ・ファ・ソ・ラ……と次第に高くなっていくはずの音階が、違和感なく無限に続く（上昇する）ように聞こえるおもしろい音階。考案者の名前を取って「シェパードトーン」ともいわれる。

→　聞いてみたい人は「無限音階」で検索！

■味の対比効果

スイカに塩を少量かけて食べると、スイカの甘みが強調される。これは、塩気がスイカの甘みを強調する味の対比効果といわれている。逆に塩には抑制効果もあり、にがうりなどに塩をかけるとにがみが抑えられる。苦みと酸味がある夏みかんに塩をかけると、苦みを抑えて甘みを強調してくれるといわれている。

■辛味を感じる部分は舌にはない

甘みや苦みと同じように辛味も舌で感じていると思うが、舌には辛味を感じる感覚器はない。辛味の正体は痛覚。成分の風味や苦みなどが合わさって、感じている気がするだけである。

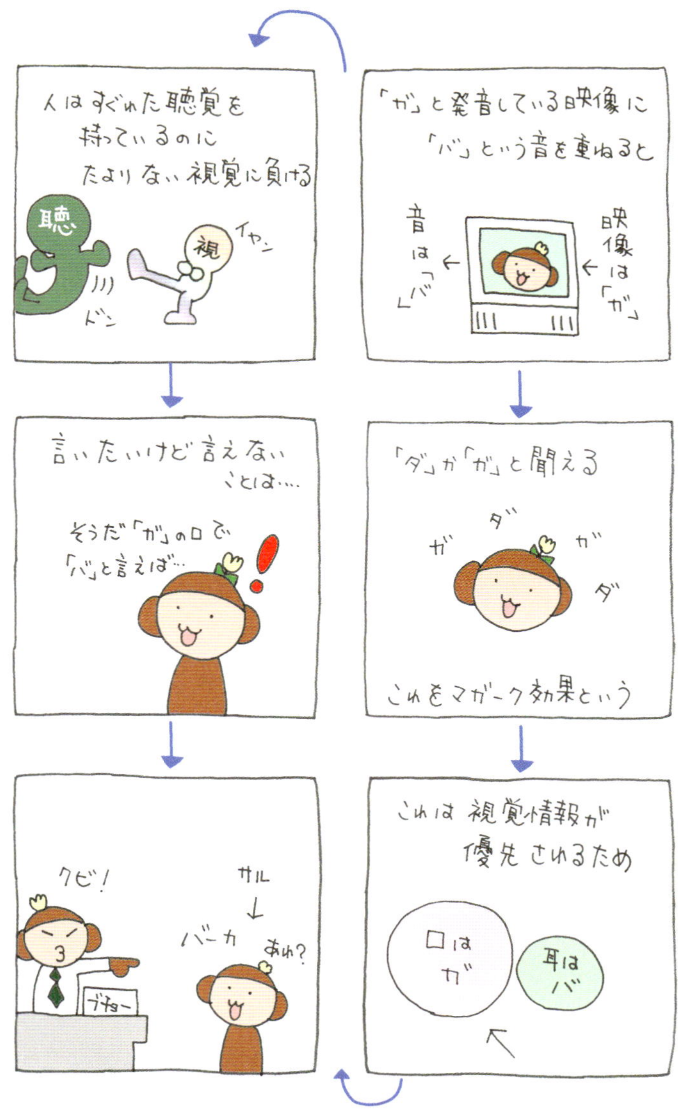

「ガ」と発音している映像に
「バ」という音を重ねると
音は「バ」
映像は「ガ」
「ダ」が「ガ」と聞える
ガ
ダ
ガ
ダ
これをマガーク効果という
これは視覚情報が
優先されるため
口はガ
耳はバ
人はすぐれた聴覚を
持っているのに
たよりない視覚に負ける
聴
視
イヤン
ドン
言いたいけど言えない
ことは…
そうだ「ガ」の口で
「バ」と言えば…
クビ！
サル
バーカ
あれ？
ブチョー

人はどうして顔を見分けられる？
～顔認識の研究～

いくつか人間の視覚や認識機能がいかに頼りないか説明をしてきたが、非常に優秀な部分もある。それは視覚的に顔を認識する機能である。私たちは瞬時に顔を見て知り合いかそうでないか判別できる。それは顔にある眼、鼻、口、輪郭などの情報を瞬時にまとめて認識する非常に複雑ですぐれた機能である。このメカニズムはくわしくはわかっていないが、ある説によると、人間は経験から「平均的な顔」という判断材料をもっていて、無意識にAさんは眼が小さい、口が大きいなどの情報を備蓄してもっているのではないかというものだ。個性的な顔は差があるから覚えやすいし、平均顔でもなにかに特徴づけて覚えているという。確かにそれで、日本人は外国人の顔に関するデータがないので、日本人は外国人の顔は覚えにくいということも説明がつく。

ところが、2008年1月に科学技術振興機構（JST）は、サルの赤ちゃんは生まれながらに顔を認識する能力をもっているという研究報告をしている。生まれた直後からいっさい「顔」を見せずに育てたサルに、ヒトとサルの「顔写真」や顔以外の物体の写真を見せた。その結果、サルには初めて見るにもかかわらず、顔を認識するすぐれた能力をもっていたという。

人間の赤ちゃんは人の顔をすぐに覚える。もしかしたら、人間の赤ちゃんは記憶力がよいだけではなくて、サルと同じように顔を認識できる能力をもって生まれてくるのかもしれない。複雑だがおもしろい顔認識機能。今後、さらなるメカニズムの解明が期待されている。

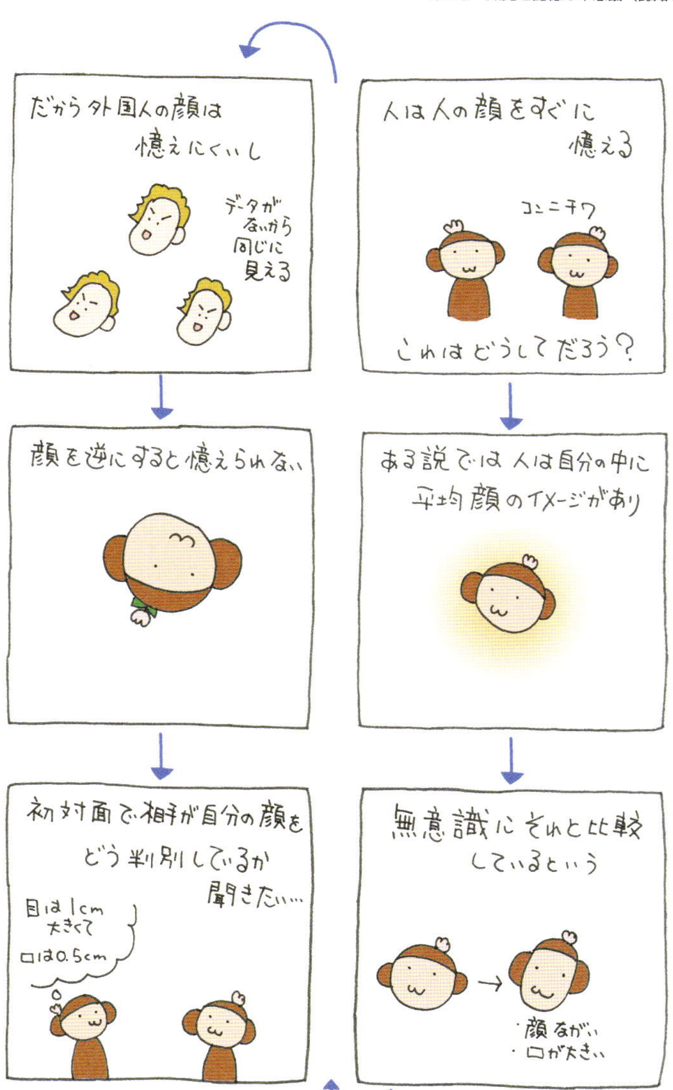

人は人の顔をすぐに憶える
コンニチワ
これはどうしてだろう?
ある説では人は自分の中に平均顔のイメージがあり
無意識にそれと比較しているという
・顔ながい
・口が大きい
だから外国人の顔は憶えにくいし
データがないから同じに見える
顔を逆にすると憶えられない
初対面で相手が自分の顔をどう判別しているか聞きたい…
目は1cm大きくて口は0.5cm

カクテルパーティ効果とは？
～聞きたい音だけ聞こえる心理～

音は空気の振動であり、耳はその振動をとらえて神経信号に変換する感覚器官。そして神経信号は脳で意味のある音として認識される。世の中にはさまざまな音であふれているが、人の聴覚は優秀で雑多な音の中から自分に必要な音だけを聞くことができる。たとえば居酒屋などでみんながいろいろな話をしていても、自分に関する話だけは自然と耳に入ってくる。これを「カクテルパーティ効果」という。カクテルパーティの席で参加者がさまざまな話をしても、自分が聞きたい話を聞き取れることからそう名づけられた。

パーティ会場の音声を録音して再生しても、雑音、空調の音、咳払い、笑い声など騒がしいだけでなにを話しているかわからない。ところが人の耳は、その中から必要な音だけを処理して必要でない音は遮断している。音の選別能力をもっているのである。

また音には、おもしろい特性がある。会社などでエアコンなどをつけている間は気にならなかったが、エアコンを切った瞬間に、時計の音や会議室から急に会話が聞こえてくることがある。エアコンの音がほかの音を聞き取りにくくしていたのだ。これを「マスキング現象」と呼ぶ。昔は音を遮断するのに、防音処理などの設備を駆使していた。ところが最近では、小さな空調音のような音を流すことで、会議室などから会話が漏れても気にならないように音をコントロールしている企業もある。マスキング現象をうまく使った例である。BGMなどはたんに心地よさを演出しているのではなく、なにかの音を消すために使われることも多い。

人は雑多な音の中から
ガン
ドン
ドン
ピー
自分の聞きたい音だけを
聞くことができる
ガン
ドン
ドン
ピー
人は聴覚をある程度
コントロールできる
聞かない音
聞く音
聞きたくない音は
耳に入らない
ガミ
ガミ
ガミ
ガミ
ん?
カサッ
ムキー
ポテチ

記憶のメカニズム
～いまだ解明されていない不思議なシステム～

大事な人の名前がどうしても思いだせないかと思えば、何日も前のつまらない会話が簡単に蘇る。記憶は非常に重要なものでありながら、くわしい解明はまだされていない。アトキンソンとシフリンは、記憶を短期記憶と長期記憶からなると提唱した。さらに記憶の仕組みは、短期記憶へ送りだす前に感覚器官から入力された情報を保存しておく感覚記憶の3つの段階があるとされている。

・感覚記憶

眼、鼻、皮膚などの感覚器から得た情報は一瞬だけ記憶されて消去されていく。この消去機能がないと人間は、いま接触している床や地面の感触までいちいち覚えてしまうことになり、非常に生活しにくくなる。その無数にある情報の中から意味をもつものを選別して、短期記憶に回される。

・短期記憶

記憶の中でも一時的に貯蔵される記憶。容量的には数字で7文字±2文字程度。意味のあるものだと、記憶の負荷が減りもう少し覚えられる。留めておける時間も短く、20秒以内に忘却してしまう。ここにある記憶を繰り返したり、強い意味をもたせたりすると長期記憶に送られる。

・長期記憶

一般的に「記憶」と呼ばれている情報。ここに貯蔵される情報はあまり忘れなくなる。ただし時間とともに次第に内容があいまいになっていく。奥に貯蔵された記憶はなにかのきっかけがないとでてこないことも多い。睡眠との関係も指摘されている。

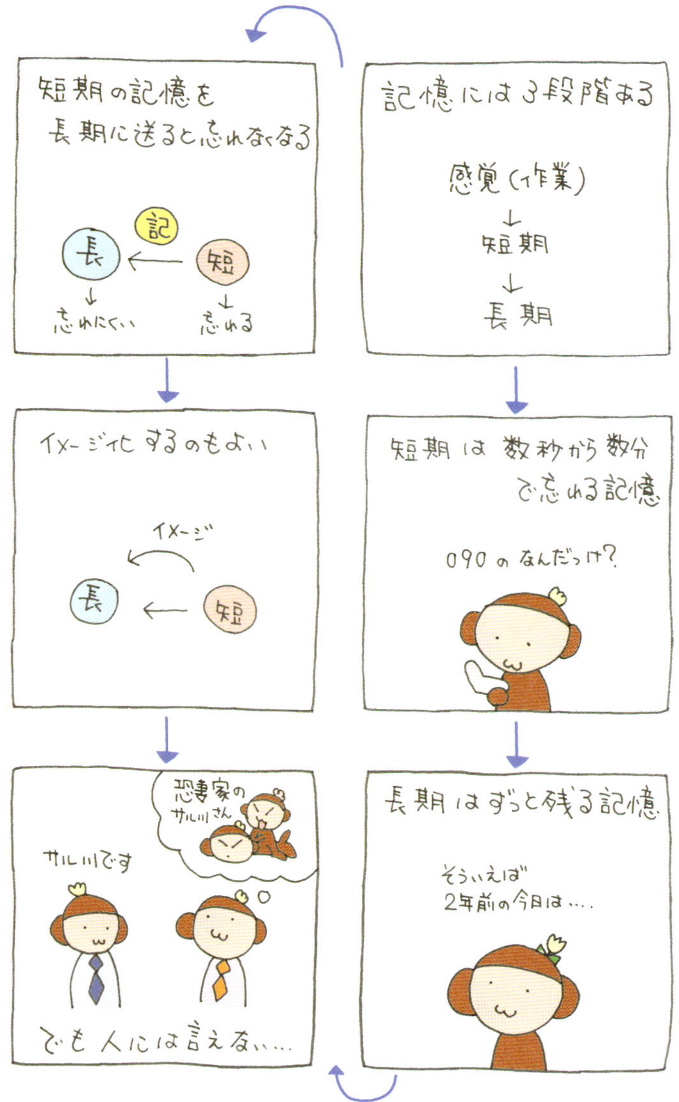

記憶には3段階ある
感覚（作業）
短期
長期
短期は数秒から数分で忘れる記憶
090のなんだっけ？
長期はずっと残る記憶
そういえば
2年前の今日は….
短期の記憶を
長期に送ると忘れなくなる
記
長
短
忘れにくい
忘れる
イメージ化するのもよい
イメージ
長
短
恐妻家の
サル川さん
サル川です
でも人には言えない…

記憶力を鍛えるには
～記憶を高めるテクニック～

試験や資格受験など、人生ではいろいろと記憶をしなくてはならない。仕事でも記憶力があると非常に便利だ。人生を生きていくなかで、記憶力を鍛えることはとても重要である。ここでは記憶力を高めるテクニックをいくつか紹介したい。

・リハーサルが重要

短期記憶から長期記憶に情報を移行するには、リハーサル行為、つまり、情報を繰り返すことが重要。単純な繰り返しはあまり意味がないので、「記憶する」という意図的な繰り返しが重要。たとえば10個の公式を覚えるなら、1個ごとに5回繰り返すよりも、10個の公式をひととおり覚えることを5セット繰り返すほうが有効。人の名前を覚える場合は、心の中で何度も反復するのがよい。視覚的なイメージをつけて、「サルみたいな山本さん」みたいな意味づけも効果的。

・数字の覚え方

数字などの単純なものは、短期間で忘れてしまう。長いものは4個程度のグループ化をして覚えるのがよい。当然、単純に覚えるものよりも意味をつけて記憶すると忘れにくい。ペグワード法といって1=いちご、2=にんじん、3=サンマなどのイメージに変換して記憶する。

・数字化して記憶する

突然「火曜日の17時」になど約束をされることもあるだろう。状況的にメモが取れないときなどは、約束の日時を忘れないか不安だ。そんなときは、月曜から土曜までの曜日を数字化して1～6に変換。「火曜の17時」を「217」と覚えると忘れにくい。

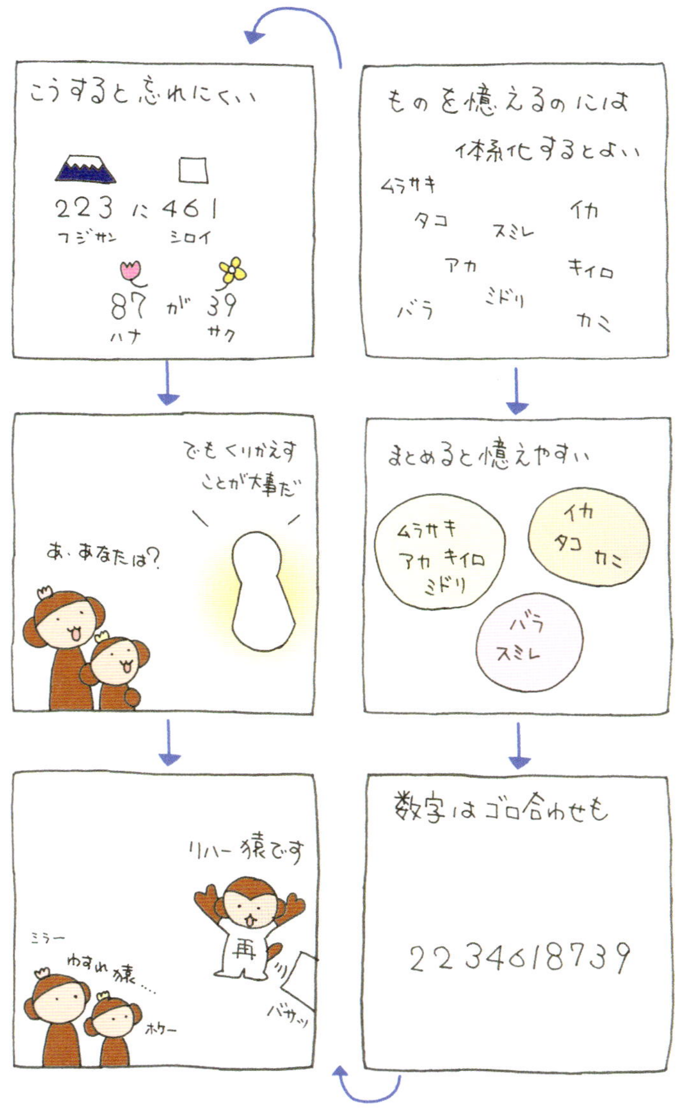

ものを憶えるには
体系化するとよい
ムラサキ
タコ
スミレ
イカ
アカ
キイロ
ミドリ
バラ
カニ
まとめると憶えやすい
ムラサキ
アカ　キイロ
ミドリ
イカ
タコ　カニ
バラ
スミレ
数字はゴロ合わせも
2234618739
こうすると忘れにくい
223 に 461
フジサン　シロイ
87 が 39
ハナ　サク
でもくりかえす
ことが大事だ
あ、あなたは？
リハー猿です
再
ミラー
わすれ猿….
ホケー
バサッ

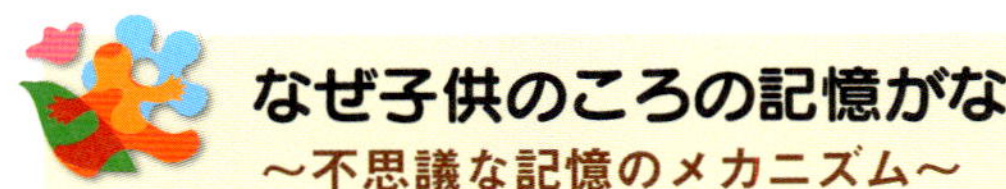

なぜ子供のころの記憶がないのか？
～不思議な記憶のメカニズム～

あなたは子供のころの記憶をどこまでさかのぼれるだろうか？だいたい4、5歳ぐらい、なかには3歳の記憶がある人もいるだろう。これはどうしてだろう？

小さいころは記憶力が弱かったから。いや、それは違う。赤ちゃんの記憶力は非常に高い。これは多くの心理学者の実験によって立証されている。そのため赤ちゃんから幼児にかけて子供は、一気に言葉を覚えてしまう。人間が生きていくために必要な情報の多くは、この時期に学習して記憶する。

長期で記憶を留めておくこともできるらしいが、基本的にこのころには長期記憶システムがうまく機能していないと思われる。過去の記憶に対する発言は2、3歳からみられることもあるが、その多くは断片的で正確でないことが多い。4歳ぐらいになると認知機能が急速に発達し、自分の内面を見つめるようになる。子供が記憶を理解して、記憶に関する「覚えた」「忘れた」など言葉を使うのもこのころである。この時期に長期的な記憶システムが次第にできあがってくる。したがって大人がもっている子供の記憶は、3～4歳ぐらいまでではないかといわれている。

人にとって「記憶」も重要であるが、実は「忘却」こそが大事であるとの考えもある。人が経験した嫌なことをいつまでも忘れられなかったら、心のダメージは多く、かなりの痛みをともないながら生活しなくてはならない。人はよい思い出よりも、悪い思い出を忘れるシステムをもっている。

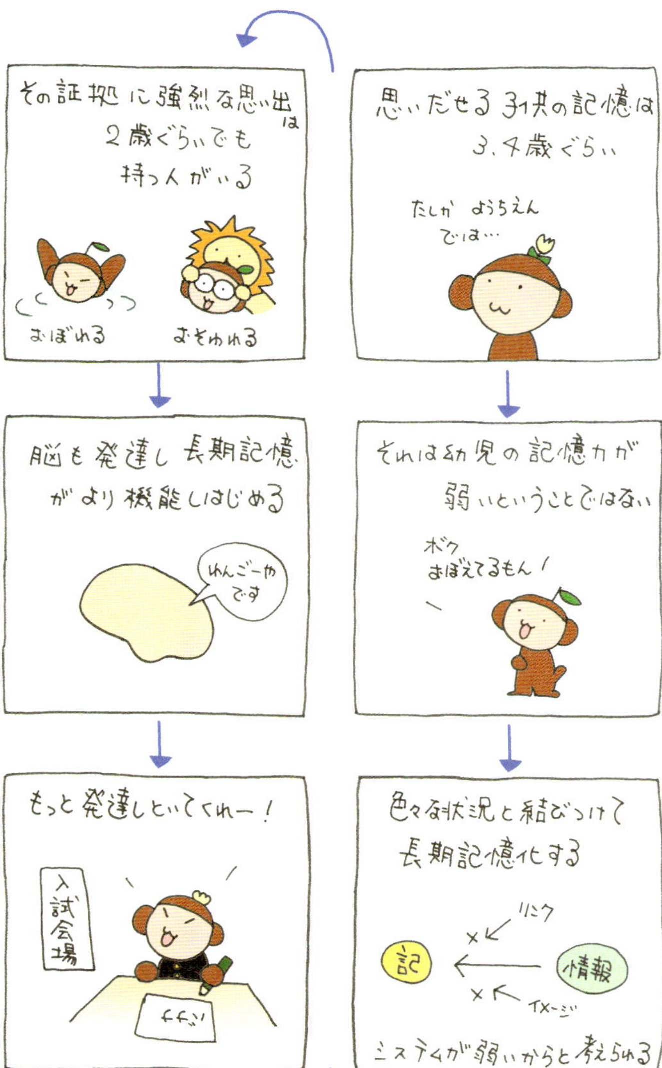

思いだせる子供の記憶は
3、4歳ぐらい
たしか ようちえん
では…
それは幼児の記憶力が
弱いということではない
ボク
おぼえてるもん！
色々な状況と結びつけて
長期記憶化する
リンク
記
情報
イメージ
システムが弱いからと考えられる
その証拠に強烈な思い出は
2歳ぐらいでも
持つ人がいる
おぼれる
おそわれる
脳も発達し長期記憶
がより機能しはじめる
りんごーやです
もっと発達しといてくれー！
入試会場

第5章

いろいろな心理学
（産業、発達、犯罪、色彩心理学など）

心理学はさまざまな分野で活用されて機能している。この章では、応用的にいろいろな分野で使われている心理学を説明。意外でおもしろいエピソードを交えて解説する。

産業心理学
～端数価格イチキュッパ／木曜日に事故は多い～

産業心理学は産業社会を取り巻く人間の行動心理を研究するもの。社会心理学の一部としても考えられている。疲労と労働時間、人間と機械、事故と安全の研究など企業内での組織が快適に機能するための研究を行い、効率のよい環境づくりを研究している。また、広告が社会におよぼす影響や消費者の意志決定のメカニズム解明なども行い、マーケティングの分野までを網羅している。

■魅力的な端数価格イチキュッパ

4980円の商品は、5000円とすると高い印象があるが、たった20円で4000円台というお値打ち感をだすことができる。割引率はわずか0.4%である。この端数価格は世界標準であるが、海外では1.99ドルのように9がよく使われる。日本はなぜ8なのか理由は不明だが、9はギリギリという感じでいやらしいし、日本人は末広がりの「八」を好むという背景もある。端数表示にも日本人の文化を感じることができる。ちなみに最近では、割引でも41%などの逆端数表示が使われる。割引率の高い印象を受ける。

■木曜日に事故は多い

業種によっても異なるが、一般的に企業内事故は木曜日に多いといわれている。ある地方整備局建設労働災害のデータによると、木曜日の事故は、平日のほかの曜日平均と比較して2.03倍も高かった。月曜日は仕事開始なので緊張感が強い。逆に金曜日は最後なので、緊張感をもって仕事をする。金曜日の前にある木曜日は、疲労感と気のゆるみが交わる危険な日であることを表している。

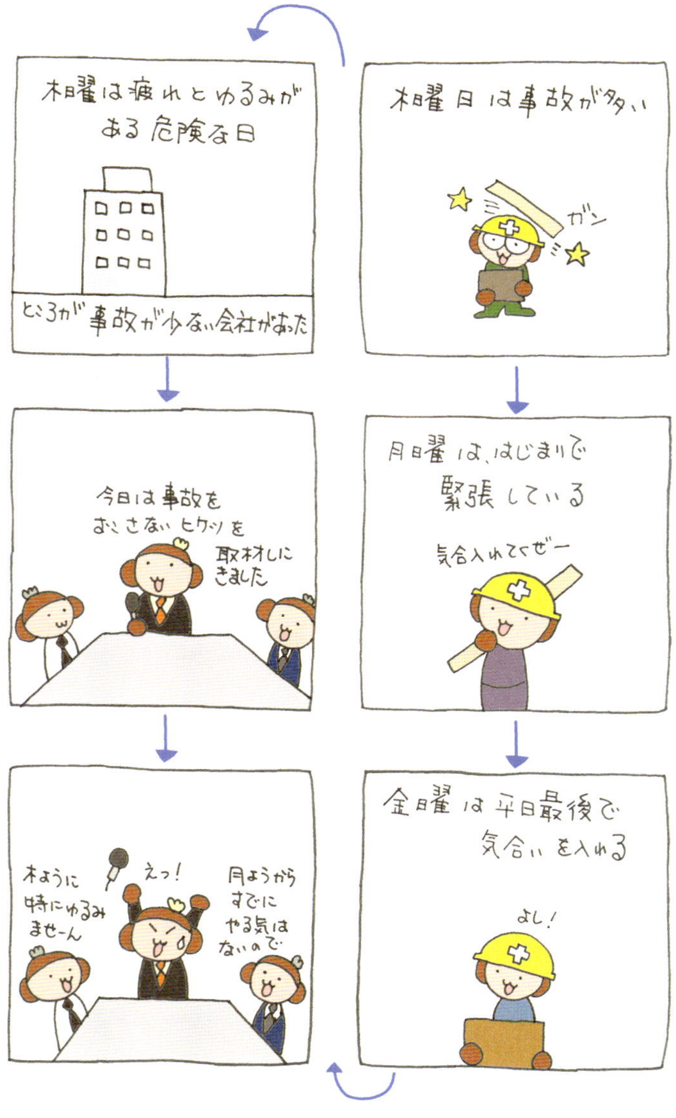
木曜日は事故が多い
ガン
月曜は、はじまりで
緊張している
気合入れてくぜー
金曜は平日最後で
気合いを入れる
よし！
木曜は疲れとゆるみが
ある危険な日
ところが事故が少ない会社があった
今日は事故を
おこさないヒケツを
取材しに
きました
木ように
特にゆるみ
ませーん
えっ！
月ようから
すでに
やる気は
ないので

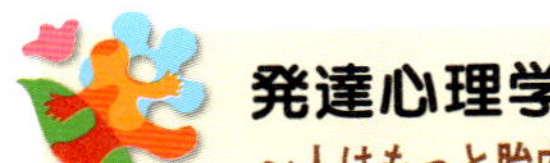

発達心理学
～人はもっと胎内にいる予定だった？／末っ子は甘えん坊～

人間の発達するメカニズムを研究し、発達段階の行動などの違いを研究する心理学。おもに子供の発達過程をターゲットにしているが、老年期までを含めて全成長過程を研究している。たとえば認知的な側面として、数の概念をいつごろから認識するのか、感情的な側面として親と子と愛情関係が発達にどのような影響を与えるかなどを研究している。

■人はもっと胎内にいる予定だった？

馬やヤギなど動物の赤ちゃんは生まれるとすぐに立ち上がる。カンガルーの赤ちゃんも自分で母親の袋に入る。ところが人の赤ちゃんは立つことはもちろん、目も耳も未熟な状態で生まれてくる。生後1年ぐらいの急速な成長は、本来胎内でおきるものだったのではないかという考え方がある。これをスイスの生物学者ポルトマンは「生理的早産」と呼んでいる。人にとって「脳」は重要な器官なので、頭をできるだけ大きくした結果、手足は未発達な状態で生まれてくるのではないかと考えられている。

■末っ子は甘えん坊

兄弟は生まれた順番によって一定の性格傾向がある。長男長女は親にとって、初めての子育てであることが多い。そのため、子供はしっかりすることやがまんすることを求められる。その結果、長男長女はしっかりものになる。末っ子は慣れた子育ての中、のんびりと育てられ、甘えん坊になることが多い。末っ子の多くは好き嫌いが多い。それもこのことと関係していると思われる。

兄弟がいる子供は
成長過程で役割を持たされることが多く
あなたはお兄ちゃんなんだから
性格形成に影響を与える
長男・長女は親切でしっかりもの
30円でさがします
メガネ
メガネ
次男・次女はマイペース自信家も多い
俺はこれで世界をトル！
末っ子は甘えん坊….
たべさせてくれなきゃイヤだ！
30円でたべさせてあげる
ありがとうおにーちゃん

犯罪心理学①
～青色防犯灯で犯罪抑制／模倣犯の心理～

犯罪の撲滅や抑制、犯罪者の人格改善を目的として、犯罪者や犯罪行為を研究する心理学の一分野。犯罪者が犯罪に至る心のプロセスと行動、環境的な要因との関連、未成年者の犯罪や不良の行動心理、犯罪と社会学なども含まれており、幅広く犯罪に対しての研究と調査を扱っている。

■青色防犯灯で犯罪抑制

イギリス北部のある都市にあるショッピングストリートでオレンジ色の街灯を青色に変えたところ、犯罪が激減するという現象が起きた。青色街灯は夜間に遠くまで光が届くことや、本能的衝動を抑制する心理効果があり、犯罪抑制につながると認められた。日本では奈良県警察本部が最初に青色防犯灯を採用。設置後1年間のデータで犯罪発生が設置前より終日約15%、夜間で約9%減少している。

■模倣犯の心理

ある事件がニュースで報道されると、その直後に似たような事件が起こることがある。事件の内容を見てそれが実行に移しやすく犯人が逮捕されていないと知ると、事件を模倣する犯罪者がいる。また、自分ならもっとうまくできると思い、犯人に対抗意識をもって模倣するケースもある。前者は「振り込め詐欺」、後者は「コンピューターウィルス散布」などがそうである。特にコンピューターウィルスなどは高度な技術力が求められるので自己顕示欲からの犯行も多く、次第にエスカレートする傾向がある。

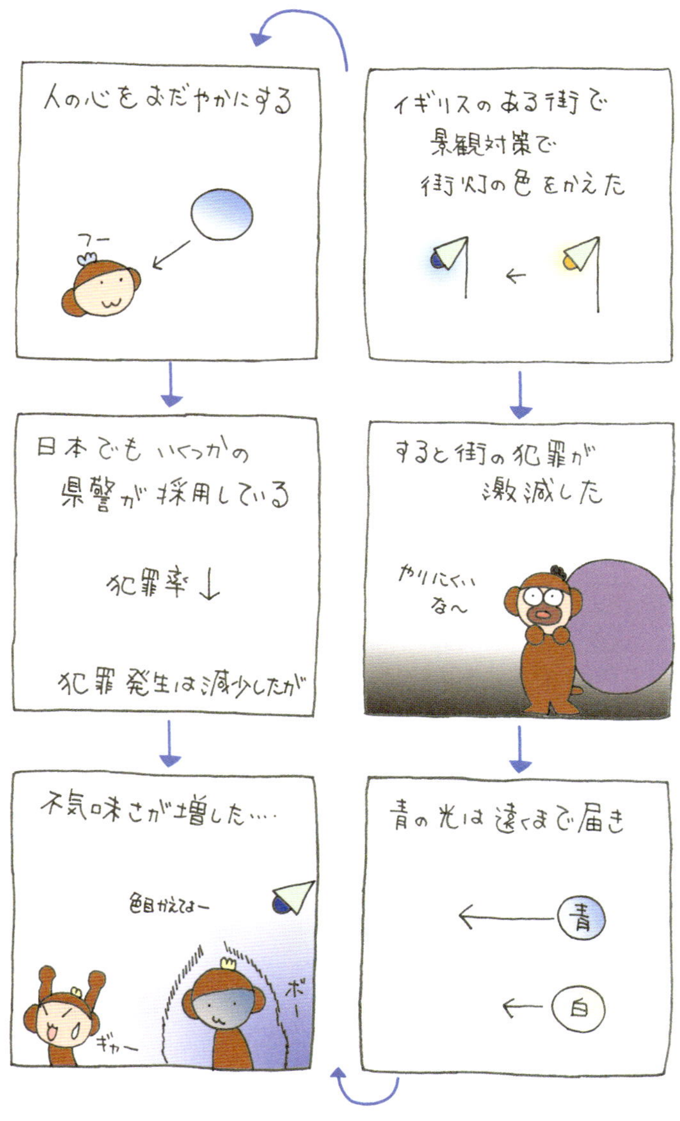
イギリスのある街で
景観対策で
街灯の色をかえた
←
するとの街の犯罪が
激減した
やりにくいな〜
青の光は遠くまで届き
青
白
人の心をおだやかにする
フー
日本でもいくつかの
県警が採用している
犯罪率↓
犯罪発生は減少したが
不気味さが増した….
色かえてなー
ギャー
ボー

犯罪心理学②
～割れた窓理論・軽微な犯罪を見逃すと街が犯罪で染まる～

■割れた窓理論

1969年心理学者フィリップ・ジンバルドは、ある人の行動特性を実験により検証した。貧困層のニューヨークのブロンクス地区に、ナンバーを外し、ボンネットを開けたままの車を放置。すると10分後にはバッテリーが盗まれ、24時間後には価値あるものはすべて盗まれた。同じ設定の車を中産階級のカリフォルニア地区に放置したところ、1週間経っても誰もなにもしなかった。ところが窓ガラスの一部を割ったところ、たちどころに略奪が始まった。

また別の例では、あるビルの窓がいつまでも割られたまま修理されないで放置されていると、そのビルは誰にも管理されていないと周囲の人間に認識され、落書きなどが増え、内部が荒らされ、ビル全体が犯罪の温床になるという。軽微な犯罪を野放しにすると地域全体が犯罪に染まってしまう。

この理論をもとに、多発する犯罪を抑制するため、ニューヨーク交通局は地下鉄内のすべての落書きを5年かけて消した。すると凶悪犯罪が大幅に減少した。1994年には地下鉄の成功を参考に、ジュリアーノニューヨーク市長が軽犯罪の取り締まりを徹底強化した。その結果犯罪が大幅に減少し、1980年代から90年代にかけてきせられていたアメリカ最大の犯罪都市の汚名を返上した。

日本では札幌のすすきの地区の治安を回復するために、駐車違反、軽犯罪の取り締まりを強化した。その結果、凶悪犯罪が減少しているという例もある。

割れたガラスを放置すると
らくがきが描かれて
サル参上
ビルがどんどん荒れていく
アジトはこちら
これは軽微な犯罪を
見のがすと
大きな犯罪につながる
ことをあらわしてる
大
軽
そこで小さな犯罪で
くいとめる施策をつくった
○○警察
軽犯罪・イタズラ
相談受付中
それから
サル村先生の
机にはイリオモテヤマネコを…

色彩心理学①
～青い車は事故率が高い？／イメージと製品カラー～

色には不思議な心理効果がある。たとえば色によって時間感覚が狂わされる、重さの感覚が変わる、体感温度が変わる、大きさが変化して見えるなどの感覚的効果がある。こうした効果は製品の特性を活かすように企業の商品戦略、犯罪の抑制や病院などでも活用されている。非常に注目度の高い分野だといえる。

■車の色と事故率の関係

海外のデータではあるが、青い車は事故率が高いというものがある。これは青の後退色が影響していると考えられている。青は実際の位置よりも後ろに見える。したがって交差点などでは、ドライバーは位置関係を錯覚する。事故はさまざまな効果が複合するので一概にはいえないが、青い車は思った位置よりも近いところにいることを把握したほうがよい。

■イメージと製品カラー

イメージと製品の関係は切っても切れない。たとえば日本でピアノは、黒というイメージが強い。ところが歴史的にも世界的にも黒はそれほど一般的な色ではない。基本は木調である。ピアノが黒いイメージなのは、黒いグランドピアノの影響であろう。黒いグランドピアノが登場したのは、演奏会などでピアニストが着る燕尾服に合わせたからといわれている。日本では黒は「高級感」の象徴であり、製品としても好まれる色彩である。日本で黒いピアノが普及したのは、高級志向の家庭でインテリアとしての側面もあったのではないかと考えられている。

色彩心理は色が人に
どんな影響を与えるか

どんな心理のときに
どんな色を求めるかを
研究してる

たとえば
企業のロゴマーク
SARU
好意的なイメージを確保
するために色を選んでいる

青は誠実・信頼など
を表現
saru
The life together with a monkey

赤は熱意・活動的など
を表現
Saru
A monkey is the highest !

白は純粋・真実
心がきれいな人しか
見えません
み、みえない

色彩心理学②
～色の好みで性格がわかる色嗜好と性格の関係～

色彩心理学の研究で興味深いのが、色の好みと性格の関係である。この研究は多くの色彩心理学者が研究している部分でもあり、さまざまなコミュニケーションのシーンでも役立っている。ここでは複数の色彩心理学者の研究結果をもとに、その概要を簡単に紹介する。

■黒が好きな人

大きく分けて2タイプ。黒を使いこなしている人は洗練されて人を動かす能力に長けている。一方、黒に逃げている人は人の目を気にするタイプ。高貴や神秘的に見られたい願望も強い。

■白が好きな人

大きく分けて2タイプ。白が好きな人は理想が高く、目標をもって努力している人。完璧主義者であることも多い。白に憧れている人は注目を集めたいと思うが、目立ちたがり屋ではない。

■グレイが好きな人

洗練された良識のある人が多い。相手を引き立てることがうまい。バランス感覚にすぐれている。また、ストレスを軽減することがうまく、穏やかな生活を送りたいと考えている。

■赤が好きな人

外向的な性格の人が好む傾向がある。活動的で行動的であり、自分の思ったことをわりとストレートに話すことができる。正義感が強く、魅力的な人である。

■ピンクが好きな人

裕福な家庭環境で育ちやさしい性格の人が多い。すてきな結婚、家庭に憧れている。女性は恋をすると好きになるともいわれている。

■青が好きな人

知的で感性豊かな人。基本的にはまじめで協調性が高く思慮深い。明るい青が好きな人は芸術的な感覚にすぐれ、自分を表現するのがうまい。濃い青を好む人は大きな意志決定をする仕事に向く。

■黄色が好きな人

好奇心が強く研究熱心。ユニークな性格の人も多く、グループの中心人物であることも。人と異なったアイデアをだすことを得意としていて、理想主義者である。飽きっぽいところもある。

■緑が好きな人

社会的意識が高く平和主義者。礼儀正しく素直な人。社交的だがどこかで人を信用していないこともある。好奇心旺盛だが自分が率先して動くよりも、誰かに誘ってもらいたいと思っている。

■青緑が好きな人

よいバランス感覚のもち主。都会的で洗練されていて、自分にも他人にも厳しい。あまり人の意見には耳を傾けず自分の思った道を進む。

■オレンジが好きな人

行動力があるタイプ。ただし本人はあまり行動的だと思っていない。競争心が強く負けず嫌い、喜怒哀楽が激しい傾向もある。集中力もあって一度やろうと思った意志を貫く傾向がある。

■紫が好きな人

情熱的な赤と冷静な青を混ぜてつくる色だけあって、この色を好む人は個性的。芸術的、芸能的なセンスにあふれている。直感力も強い。高度な感性をもつために、人との接触を嫌うこともある。

■茶色が好きな人

表面に影響を受けない純粋な精神の実質主義者。他人の支えになろうとする心の広い人。自然界とつながりがある仕事の人に多い。

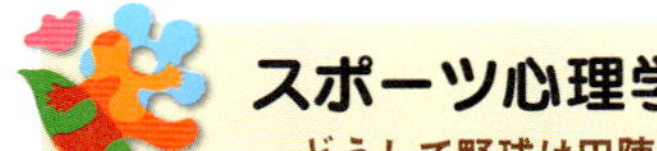

スポーツ心理学
～どうして野球は円陣を組む／ゴールキーパーのストレス～

スポーツは、種目によってはメンタルな部分が大きい。スポーツ心理学は、選手の成績をよくするためにさまざまな心理効果を研究している。たとえば柔道やボクシングなどの階級があるスポーツは、減量が選手の大きなストレスになる。この減量の心理効果を考えるのも、スポーツ心理学の役割である。また最近では、選手だけでなく、一般の人が行う心理効果なども研究されている。

■どうして野球は円陣を組む

野球やラグビー、バレーボールで円陣を組むシーンをよく見る。この円陣は攻撃に対して意識を統一しようする効果に加え、気持ちを意識的に高める効果がある。これを「サイキングアップ」と呼び、戦う緊張状態をつくる行為。いわば心のスイッチの役割をもっている。サイキングアップの歴史は古く、戦国時代には、戦う前に刀を掲げて「エイエイオー」と声を張り上げていた。昔から人は、その効果をよく知っていた。

■ゴールキーパーのストレス

ブラジルでプロサッカー選手137人に対して、ポジションごとのストレスを調査した報告がある。知覚に影響を与えるナイターの試合は、ゴールキーパーにストレスになっていた。また試合開始後数分間も、ほかの選手よりキーパーはストレスを感じていた。キーパーはやはり、ほかの選手と受ける負担が異なるようだ。フォワードにとってのストレスはイエローカードである。これは試合にでられなくなることに対しての不快感だと思われている。

スポーツは身体だけでなく
メンタルのトレーニングも
重要
ムキー
心
体
イメージトレーニングは
ワー
1位です
モチベーションの維持や
ムキー
本番前のリラックス
などに効果がある
フー
何きいてるの？
芝刈機の音
ブーン

音楽心理学

～モーツァルトを聴くと賢くなる？／日本人の絶対音感～

音楽を聴くと気持ちが変化する。調子、リズム、音の種類などでその効果もさまざまだ。音楽心理学は音楽を聴いたときや演奏するときにどのような心理状態になるのか、音を認知する仕組みなどを研究している。特に近年では音楽のもつ癒し効果が注目され、音楽療法や音楽セラピーなどの研究も進んでいる。

■モーツァルトを聴くと賢くなる？

1993年にアメリカでモーツァルトの「2台のピアノのためのソナタ」を聴いた学生が、短期間ではあるがテストの成績がよくなったと発表。これを「モーツァルト効果」と呼んで話題になった。モーツァルトの曲にはほかの作曲家の曲に比べると高周波の音が多く含まれていて、これが脳を活性化させるという説である。ただし、この研究には否定的な科学的データも多い。某A先生は「モーツァルトを聴いた人はみんな天才ってことでしょ。ありえない！」と叫んでおられる。

■日本人の絶対音感

「絶対音感」とは、耳にした音を音階として認知することができる能力。新潟大学の宮崎教授は、日本で音楽を専攻する学生とポーランドの音楽アカデミーの絶対音感保有者を調査した。音感テストの正解率90%以上の学生は、日本人30%に対し、ポーランド人は12%。平均点も日本人のほうが高かったという。一概にはいえないが、日本人に絶対音階保有者は意外と多いと推測される。あなたのそばにも絶対音感をもった人はいるだろうか？

音楽心理学は音楽を聴いたり、演奏したりするときの心理を研究している
最近は音楽療法などにも活用されている
たとえばイライラしている子供にはクラシックがよい
音楽はボケ防止にもよいという
マサコさん ゴハンはまだかの一
さっき たべたでしょ
ん？
髪も はえてきた
ウソだ！

第6章

もっと使える心理学

（心理学応用編）

さまざまな心理効果を利用していろいろなシーンで使えるテクニックを紹介する。自分のことがわかり、相手のことがわかったら、それをうまく活用しなくては本当に価値あるものとはならない。さらに応用して活用してほしい。

オフィスで使える心理学
～部下・後輩を伸ばす方法～

時代が変化しているのか？　それともあなたが成長したからなのか？　新人社員の仕事への姿勢が低下していると感じてはいないだろうか？　すぐに仕事よりもプライベートを優先させるし、なにしろ影で努力をしない。怒るとすぐに辞めてしまう。無理もない。彼らは怒られることを知らないで育ったのだ。

そんな部下や後輩をしかって伸ばすのは、本当に苦労する。基本的に「怒り方」や「注意する方法」は、相手によって効果が異なる。ちょっと厳しくいわないとダメなタイプや、やさしくいわないとすぐに落ち込むタイプなどさまざまだ。ところが一般的に人は、ほめてやる気をださせるほうがよい結果を生みだしやすい。期待をかけると相手はその期待に応えようと奮起する。怒って強迫観念をもたせるよりも、効果が得られることが多い。これを「ピグマリオン効果」という。ピグマリオンは、ギリシャ神話に登場する王の名前。自分のつくった女性像の彫刻に恋をすると、その恋の深さに感銘した神が彫刻に命を吹き込むという物語。ピグマリオンのように望めば達成するというところから、この効果は名づけられた。怒りたいのをこらえてほめてみてはどうだろうか。

この効果のポイントは、口だけでいってもあまり効果はない。部下を心から信用し、期待をかけると伸びてくる可能性が高い。人間は早めに防衛機能が働き、期待して裏切られるなら、最初から信用しないという構造をつくる。ダメな新人も問題だが、その防衛機能こそが、最大の障害になっているのかもしれない。

期待をかけられた
部下は伸びる
その期待に応えようと
する心理が働く
ムキー
これをピグマリオン効果
という
ニヤリ
ムキー
また 遅刻か....
でも俺は怒らないで
お前を伸ばすため
キタイすることにした
ぐっ
はい
伸びるように
努力しまーす
うむ
@△×〜!
牛乳

オフィスで使える心理学
～オフィスに活かす「アサーション」～

ピグマリオン効果のため、部下は基本的にほめたほうがよいと説明した。ただし、いいたいことをがまんしてやみくもにほめるのは良策ではない。そこで現在、多くのサービス業、医療現場などで使われている「アサーション」と呼ばれる手法が役立つ。これは「自分も相手も大事にしたコミュニケーション」の考え方。つまり相手（部下）の行動を理解し尊重しつつも、自分（上司）のいいたいことをしっかりと伝えるというもの。一方的にしかったり、ひたすらほめるようなことはしない。心理学的にも非常にすぐれたコミュニケーションスキルであり、一般企業が学ぶところも多い。

たとえば部下がケアレスミスを月に4回もしたとする。ここでふつうの上司は「なにをやっている。もう4回目だぞ！　しっかりやれ！」と怒る。ところがアサーションの考え方は、部下にそうなった原因を提示し（行動）、その結果を振り返り（影響）、それによって自分が感じていることを伝える（感情）。すると会話は「提出前に見直せば（行動）、どれも防げるミスだから（影響）、私は残念に思うよ（感情）」といった感じになる。

つまり感情をぶつけるのではなくて、原因と結果を提示し、変えてほしいことを伝えることで、部下は明確にどうすればよいか理解をして、実践をする。この仕組みが重要なのである。「遅刻をするな」ではなく、遅刻をするとどんな影響がでて、自分がどういう感情になるかを伝えるのである。お互いに意見をいうので、賛同できないこともあるが、攻撃的でも非主張的に相手に合わせるのでもない。お互いが歩み寄って最適な結論を導くのである。

アサーションという
コミュニケーション法がある
えっ?
資料忘れました
感情的になるのではなく
アホ
コノヤロー
原因(行動)を提示し
君にたのんだ
資料がないと
結果を振りかえり(影響)
会議に間に
合わない
思ったことを言う(感情)
期待している
多くの人ががっかり
するぞ
怒ってるん
だけどな‥‥
カチョー
ボクのことを
そんなに‥‥

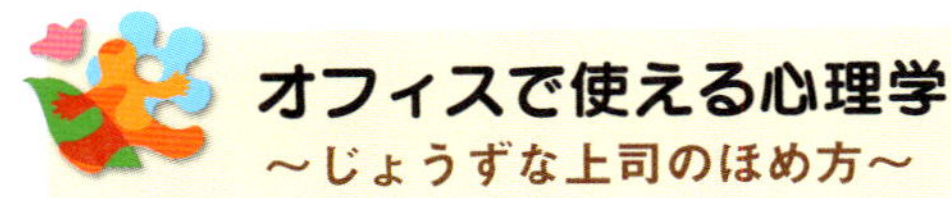

オフィスで使える心理学
～じょうずな上司のほめ方～

ふつうの会社員にとって上司との関係は非常に重要。自分の評価は上司の主観的な要素も多い。ついつい、いつもの自分ではないがんばった自分を見せようとするだろう。これを心理学では自己呈示、または印象操作という。自分の利益のために、自分の本心とは異なった行動をすることを「取り入り」といい、意図の入ったお中元やお歳暮も「取り入り」行動の一種である。ただし、この行為は回数が増えると効果がなくなる。そして、真意を見透かされると逆効果になることが多い。上司が時代劇にでてくる悪代官のようだと「おぬしも悪だな～」と共感してくれるだろうが、なかなかそんなわかりやすい大物は、会社にはいない。

では、どうすればよいだろうか。基本的には上司の意見に賛同することが大事だが、もっと簡単な手法として相手をほめるという方法がある。

1.　具体的にほめる

「その靴はセンスがいいですね」というよりは、「そのスーツと靴の組み合わせ、色のセンスがいいですね」のように、具体的な部分をクローズアップするほどお世辞っぽく聞こえないのでよい。

2.　意外な長所をほめる

意外性は重要。ほめられてあたり前のところよりも、誰も見ていないようなところをほめるとポイントが高い。上司が見せたさりげない気配りなどを見逃してはいけない。

3.　大きな声でほめる

ほめるときには小声で恥ずかしそうにいわない。はっきりとした声で感動を装い、ややオーバーリアクションぎみがよい。

「黄金の口を持つ男」
と呼ばれる会社員がいた
うまい演説だな
サルの人格
いや
ブチョーの話の
ほうが みりょく的で
ぐっと きます
そ
そうか
それをマネた若い社員は
ほめたつもりだが….
ヤバイ?
そのネクタイ
マジ ヤバイッス
カオもアタマも
ハンパなく
ヤバイッス
プチ
カー
カー
しずない
転勤になった….

オフィスで使える心理学
～生理的に嫌いな相手とつき合う方法～

社内にいる多くの仲間のサポートなしには、よい仕事は生まれない。ところが、仲間がすべてよい人間とはかぎらない。なかには気に入らない人もいるだろう。「かげでサボる」「仲間のミスを言いつける」「部長の愛人」など、相手のなにが嫌いか明確にわかっている場合はまだしも、なんとなく嫌い、生理的に受けつけないという人がいるかもしれない。

この「生理的に嫌い」とは、相手のなにが嫌いなのだろうか。嫌いな相手の嫌いな理由なんて考えるのも嫌で、あいまいに「生理的に」という言葉を使っている。もしくは、なんとなく外見が苦手ということの婉曲表現として使われる。

前者の場合は心理学的にみてみると、多くの場合、相手の嫌いな面を自分ももっている。つまり、自分自身の嫌いな部分を相手が見せることによって生じる感情だと考えられている。理論的に突き詰めようとすると、自分の嫌いな部分が浮き彫りになる。だから、嫌いな理由を放棄して、「生理的に」という言葉に置き換えている。これは自己防衛機能の一種なのである。似たもの親子がよくケンカをしているのはそのためである。

相手を生理的に嫌いだと思うと、加速度的に「嫌い度」が上がる。するとその相手とする仕事がつらくて仕方なくなる。ここは冷静に相手の中にある自分の嫌な部分を見つめて、自分の性格がよくなる好ましい相手と考えるとよい。相手のことを知ると、嫌な部分以外にも共通点があるかもしれない。相手のよいところを認めると、相手との距離も近づく。あえて自己を開示して心を開いてみよう。意外と仲よく仕事ができるかもしれない。

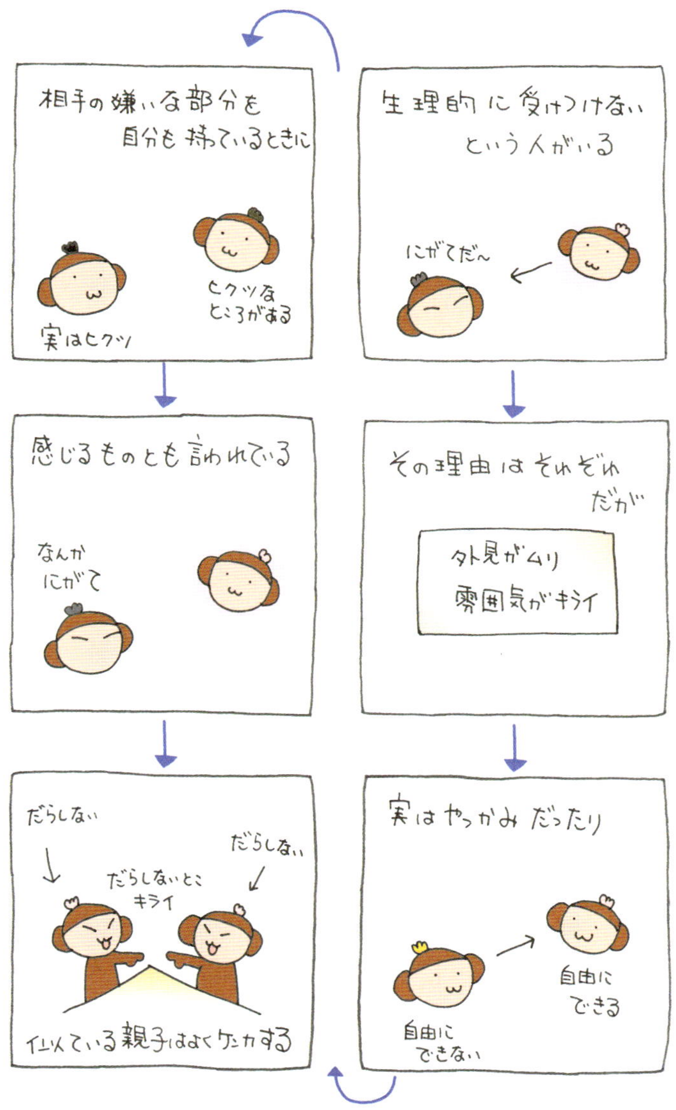

生理的に受けつけない
という人がいる
にがてだ～
その理由はそれぞれ
だが
外見がムリ
雰囲気がキライ
実はやっかみだったり
自由にできない
自由にできる
相手の嫌いな部分を
自分も持っているときに
ヒクツなところがある
実はヒクツ
感じるものとも言われている
なんかにがて
だらしない
だらしないとこキライ
だらしない
似ている親子はよくケンカする

オフィスで使える心理学
～プレゼンテクニック①～

最近は広告代理店や企画系の会社員だけでなく、多くの場面でさまざまな会社員がプレゼンテーションをする機会が増えてきた。このプレゼンは、中身がよいだけではダメ。いかに魅力的に聴衆を魅了し、相手の心に残るものにするのかが重要。ここでは心理学的なアプローチから、プレゼンのテクニックを解説する。

［準備編］

プレゼンの発表前は誰でも緊張する。それは「失敗したらどうしよう」という恐怖の予想をしてしまうからである。基本的に準備を完璧にすればするほど恐怖心はなくなる。時間との戦いで余裕はないだろうが、資料を完璧にする時間があるなら、発表の準備に時間を使ったほうがよい。そして回数を重ねるごとに、今度は聴衆をどれだけ魅了できるかと楽しみになってくる。

1.　時間配分と構成を考える

プレゼン資料の時間配分を事前に考え、持ち時間の約8割で終了するイメージでまとめる。導入部分・本題・まとめ、今後についてなどストーリーがあるか、盛り上がる部分はあるか考える。特に導入部分は聴衆を引きつける内容にしたい。初頭効果といって、導入部で好印象になると全体的に好印象と評価されることが多いからである。そしてリハーサルは3回以上行うこと。時間配分の悪いプレゼンは不快感を生む。また3回以上行えば、説明文のいくつかはさらりといえるようになる。それは余裕につながり、ムダな緊張感を抑制してくれる。

2.　資料1ページあたりの時間

パワーポイントを使用してプロジェクターで説明する場合、通常では1枚3分ぐらいが好ましいといわれている。ところが最近の若い世代はテレビ慣れしている。情報番組でフリップが登場するのは1分以内。これに慣れている世代で1枚3分は、やや長い。ただし、短い時間のものを数多くだしても、認知が追いついていかずに心に残らなくなる。1枚2〜3分程度を目安にするのがよい。

3.　資料の文字種

細かい話だが資料の文字にも気を配りたい。文字の種類は大きく分けてゴシック体と明朝体がある。ゴシックはタイトルなどインパクトのある文字で、相手の心に届きやすい。明朝はスッキリとしているので、読ませる長文に向いている。プレゼン資料は文字をあまり使わないので、ゴシックで十分である。

4.　なにを着ていくのがよいか

男性でも女性でもプレゼンをする場合は、基本的にダークなスーツが好ましい。説明する人の身だしなみがしっかりしていると説得力が増す。これは光背効果の一種である。そして男性のネクタイは注意。赤などの原色は情熱の象徴として、演説で聴衆の心をつかむのに効果的、しかし、プレゼンでは視線が引っ張られるので向かない。落ち着いたカラーのネクタイを選ぶとよい。

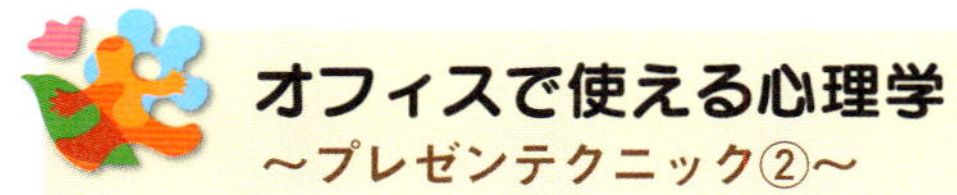

オフィスで使える心理学 ～プレゼンテクニック②～

［実践編］

1. 声の大きさとスピード

意識的に大きな声で説明するのが重要だ。大きな声には人の心を動かすパワーがある。信頼度も高い。そして、話すスピードも重要。早口で話す人は競争心が強い人。メリットはないのでふだんから早口だと思う人は、ゆっくりと話すように注意。ゆっくり話すと自信に満ちているように思え、相手の心に届きやすい。

2. 重要な部分は繰り返すこと

これは海外の政治家がよく使う手法。大事だと思うことを繰り返していう。参加者は反復して聞くうちに、自然と心に内容が残る。記憶のリハーサル効果を話し手が行うことで、聴衆はその言葉を短期記憶から長期記憶にスライドしてくれる。

3. 参加者の顔はまんべんなく見ること

プレゼン中は参加者の顔（目）をまんべんなく見ること。これは「アイキャッチ」といって、プレゼンの基本的な手法である。参加者の中で決定権者がわかっている場合などは、無意識にその人ばかりを見る傾向にある。これは注意したい。これが露骨になるとほかの参加者は、なんとなく不快感をもつ。またこのアイキャッチをしていると、うなずいてくれる人がいることに気がつくだろう。彼らとのコミュニケーションがうまくできていると、プレゼンの雰囲気はよくなっていく。

4.　間を使いこなす

プレゼンのじょうずな人とへたな人の大きな違いは「間」の使い方である。話をしているときよりも、話を止めたときのほうが注目されることがある。下を向いていた人も、話が止まると「なんだ？」と顔を上げることが多い。強調したいところでは、その前に少しの間を空ける。それからゆっくり話す。これは聴衆の興味を喚起させて、相手の印象に残させるテクニックである。

5.　両面呈示を効果的に示す

ものの長所だけを述べるのを「片面呈示」、長所と短所の双方を説明するのを「両面呈示」という。知識階級の相手には両面呈示が説得方法として効果的である。メリット→デメリット→メリットと伝えるのが効果的である。

ある服飾関係の販売会社で販売成績1位の営業課長は、プレゼンがある場合、企画室の新人デザイナーを指名した。ほかに優秀なデザイナーは山ほどいるのにどうしてだろうか？　その課長は「なにを提案するか」よりも、新人がもっている「熱意」のほうが、プレゼンでは有効だと考えたからだ。さまざまな心理学テクニックも、心のこもっていない話し方は、意味のない言葉の羅列や無用の行動にすぎない。熱意をもってプレゼンに挑んでほしい。

オフィスで使える心理学
～仕事ができるふうの会社員になる①～

心理学を活用しても急に「仕事ができる会社員」になるのは難しい。でも、「仕事ができる風の会社員」になるのには道がある。あくまでも「風」だが、「カニ」と「カニ風カマボコ」ほど差はない。できるふうの会社員になれば、それが役割となり実際に仕事ができる会社員になることはある。「カニ風カマボコ」はどんなに無理しても「カニ」にはならないが、「できる風会社員」は「できる会社員」になる可能性がある。

■外見を決める服の色に注意

ハロー効果（P82）は強い心理効果で、外見がよいと相手はバックグラウンドを勝手に推測し、高評価してくれる。ルックスをよくするのには限界があるので、身だしなみやヘアスタイル、化粧などは重要。特に転職などで新しいメンバーと仕事をする場合は、初頭効果が強くでるので、第一印象はしっかりとつくりあげたい。

服のカラーも重要な要素。特に男性は着ていく服とネクタイ選びは慎重に。スーツとネクタイのカラーはメッセージ性をもつ。誠実な印象を与えたければ紺系のスーツ、白系のシャツ、黒の小物などの組み合わせ。同系色の大柄ストライプネクタイがおすすめ。紺系のスーツにオレンジ系のネクタイを組み合わせると明るくて元気な印象を残せる。黒いスーツなら威圧感を生まないように、黒系のネクタイはしないほうがよい。やる気と情熱を見せたいなら、黒いスーツに赤系のネクタイがよい。女性はそんなにこだわる必要はないが、清楚なイメージ狙いの白のブラウスのみは冷たい印象が全面にでるので控えたほうがよい。

できる会社員は
服にもビンカン
そうなの？

ダークグレーのスーツに
赤のネクタイで
やる気をアピール

ミディアムグレーのスーツに
グリーンのネクタイで
よろしく
どうぞ
協調性をアピール

ライトグレーのスーツに
サーモンピンクのネクタイで
やさしくスマートなイメージ

白いスーツは
ノータイノーシャツで
セクシーさをアピール

指名がはいる….
ハーイ
経理から指名入りました
ウソだ！

オフィスで使える心理学
～仕事ができるふうの会社員になる②～

■表情・話し方

人は話している内容よりも、話し方や表情を高く評価する傾向がある。話し方は適度にゆっくりていねいに。表情の中でも視線は特に重要。目を大きく開けて笑顔で相手の目を見るのが重要である。考えながら話すと視線は上に逃げるので注意してほしい。

■しぐさ・姿勢

余裕があれば会話に軽く手振りを加えるのがよい。手は第2の表情である。また、盲点なのが姿勢。最近は猫背の人が多いので、まっすぐ堂々と立ちたい。

■効果的な自己呈示

自分の印象を作為的に与えることを自己呈示という。自己呈示には、「戦術的自己呈示」「戦略的自己呈示」がある。戦術的とは、「自己宣伝」「取り入り」「威嚇」などで、短時間で相手に印象づけるもの。一方、戦略的とは「尊敬」「威信」「信頼性」などで、長期的につくられるもの。特に、戦略的に「こういった会社員に見られたい（なりたい）」と目標を立てて自分を高めていくのがよい。

■重要な自己開示

できるふう会社員になるには、好感度を上げたい。「できるモドキ」はミステリアスな人間を装おうとするが、それは間違い。好感度を上げるのには、自分の情報をみずからだす「自己開示」が効果的。自慢話にならないように情報をだして親近感を得たい。

できる会社員は
話し方も重要
ペラ
ペラ
はずかしがらないで
相手の目を見ること
見つめすぎ
ジー
視線をはずすとつまらない
と思わせてしまう
つまらないのかな？
チラーッ
姿勢が良いと
誠実にもみえる
ピシッ
印象操作も効果的
たまにはワイルドに
すると 指名がはいる
オウ
ちがうだろ！
ソウムから指名入りました

家庭で使える心理学
～食器洗乾燥機を買ってもらう交渉術①～

食器洗乾燥機、ななめドラムの洗濯機、液晶テレビ、多機能炊飯器、吸引力が落ちない世界でただ1つの掃除機など、最近は高機能で高価な電化製品であふれている。主婦にとっては魅力的な商品ばかりだ。欲しいけどたぶん夫は首を縦にふらないとあきらめてはいないだろうか？　しかし、夫を説得するのに有効な交渉術がある。あきらめる前にいってみる価値はある。

■フット・イン・ザ・ドア・テクニック（段階的要請法）

直接面と向かって「食器洗乾燥機を買って」といっても断られる可能性は高い。なにせ何万円もする強者である。そこで、最初に簡単な依頼をしてOKをもらい、次第に難易度の高い依頼をするという交渉術を使う。「フット・イン・ザ・ドア・テクニック」とは、セールスマンがとりあえずお話だけといって、ドアの中に足を入れるというところから名づけられている。やり手セールスマンのテクニックである。

最初に、「清潔で時間も短縮できるから1万円ぐらいの食器乾燥機を買って」とお願いする。これならOKがでる確率は高いだろう。そこでOKがでてから、やっぱり手も荒れるし、あなたにおいしい食事をどんどんつくりたいからといくつかの理由をつけて、6万円の食器洗乾燥機がほしいとアプローチをする。すると、ダイレクトに6万円の食器洗乾燥機がほしいというよりも交渉は通りやすくなる。一度承諾をするとなかなか断れなくなるという仕組み。1回目の価格設定がポイントでもある。価格が高い場合は、3段階の作戦も効果的である。

ねえ5千円の
食器セット
買ってイイ？
ん〜
イイヨ
ヤッタ！
やっぱり1万円の
食器カンソウキ
買ってイイ？
イイヨ
やっぱり
6万円の
食器洗カン…
ダメ
バチ バチ
つづく…
予告
次回 決戦、
第三応接室

家庭で使える心理学
～食器洗乾燥機を買ってもらう交渉術②～

■ドア・イン・ザ・フェイス・テクニック（譲歩的要請法）

また別の交渉法もある。こちらは拒否されることを最初から想定し過大な要請をする。拒否をされてから、価格を下げて再度交渉するというテクニックだ。新聞屋が最初に「半年契約して」とお願いしたあとに、「1カ月でもいいから」というあの作戦である。相手は一度断ったという後ろめたさがあるので、次のお願いを承諾してしまう心理が働く。これを「ドア・イン・ザ・フェイス・テクニック」という。ドアが開いたら顔を入れてしまえという意味である。

最初に断られるのを覚悟で、最新型の10万円以上する食器洗乾燥機を買ってほしいという。そして却下されたあとに、目的の6万円の食器洗乾燥機を、あたかも断腸の思いで譲歩したふうにお願いをする。すると夫は妻も譲歩したし、ちょっと申しわけない気もするなという心理が働き、OKしてくれるというわけだ。

■両面呈示と片面呈示

食器洗乾燥機を買ってもらうためには、なんでその機種を選んだかメリットを伝えて納得してもらわないといけない。プレゼンテクニックのところでも少々説明をしたが、それには2つの呈示方法がある。それがメリットだけを強調する片面呈示と、メリットとデメリットを両方伝える両面呈示である。これは一般的に、夫の賢さに応じて変えたほうがよい。夫が賢い人ならば両面呈示。メリットだけいうのは逆に不審がられる。逆に賢くない夫なら、ひとすらメリットを唱えるのがよい。その気になってくれる。

妻は次の作戦を
考えていた
心理学
最初に拒否されるけど
大きな要求を…
次に…
心理学
ドア・イン・ザ・フェイス・テクニック
だ
よーし
最初に過大
要求
スーパー
食器洗カンソウキ
20万円
イイヨ!
買って
なんで
大穴あたった
の
知ってるんだろ?
あれ
私の
さくせんは…

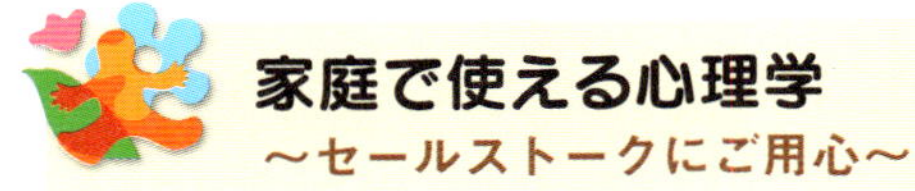

世の中には健全な主婦を惑わすセールストークがあふれている。ピュアな主婦は、そんな言葉に簡単にダマされてしまう。そんなセールストークに惑わされないように、トークの裏ワザを紹介する。

■危険な限定品

広告でよく見る「限定品」。本当に限定である確率は少ない。希少性を訴えて買わなくてはいけない気にさせていることが多い。たとえば「お一人様2個まで」も、購買心をあおるテクニックであることが多い。実際に3個以上買う人は、何十人に1人程度。その1人が2個しか買えなくても、人気商品だと思わせて2個買う人を増やし、トータル的に販売数を増加させる手法である。

■ザッツ・ノット・オール・テクニック

通信販売などでみられるテクニックで、商品紹介と価格を提示したあと、ちょうど視聴者が購買を検討しているタイミングで、「いまならさらに」とおまけを提示する。悩んでいる瞬間におまけを提示されるので、買うほうにぐっと傾いてしまう。

■手軽にもうかるネットビジネス

本当にもうかるなら絶対に教えてはくれない。それをもっともらしく、簡単にもうかると宣伝するのはきわめてあやしい。話を聞いたり、仕組みを見ると「このビジネスはもうかる」と思い込んでしまう。これは物事を自分の願望にそって都合のよいように解釈してしまう現象。心理学では「認知的不協和理論」と呼んでいる。

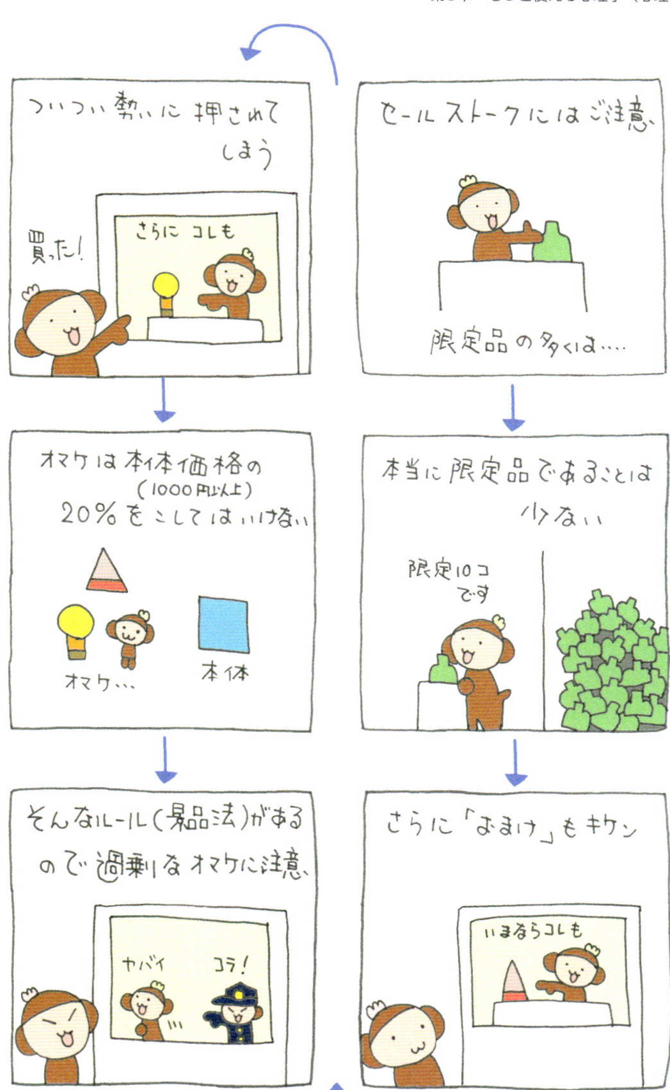
セールストークにはご注意
限定品の多くは….
本当に限定品であることは少ない
限定10コです
さらに「おまけ」もキケン
いまならコレも
ついつい勢いに押されてしまう
買った!
さらに コレも
オマケは本体価格の(1000円以上)20%をこしてはいけない
オマケ…
本体
そんなルール(景品法)があるので過剰なオマケに注意
ヤバイ
コラ!

夫のウソを見破る方法
～ウソをついている人はなにかサインをだしている～

夫の様子がおかしくて、ウソをついているかもしれないと感じることがあるだろう。世の中にはウソをつくのがじょうずな人、へたな人がいる。しかし、なにかサインをだしていることが多い。一般的に「ウソは顔にでやすい」と思われていて、相手の表情や目をじっくり探ることが多いと思う。しかしそれは間違い。ウソのサインは顔よりも手足にでる。相手も顔にでたら間違いなく見抜かれるので、表情を変えないように細心の注意を払っている。ごく一部のわかりやすい相手を除いて、実は顔や目からウソを見抜くのは難しい。たとえば心理学者の渋谷昌三氏は、ウソのサインとしていくつかのポイントを指摘している。

・ウソをつくと足の動きが不自然になる。何度も足を組み替え、貧乏ゆすりなどソワソワした動きがあると要注意（その場から逃げだしたいという気持ちを抑制するしぐさ）。
・頬や耳などを触れ始める。特に口元への動きはあやしく、口を隠しウソをいわないようにする心理が働くともいわれている。
・手の動きをとおして自分の本心を見抜かれないようにと、手をポケットに入れる、腕を組むなど、手を隠す行動にでる。
・会話が沈黙すると見破られると思い、会話の反応が早くなる。
・「あのう……」などの言葉が入ったり、一度説明した言葉に余計な説明が加わることもある。個人差はあるが、返答が短くなったり、饒舌（じょうぜつ）になったりもする。
・目をそらさないで、あえて相手を凝視する。

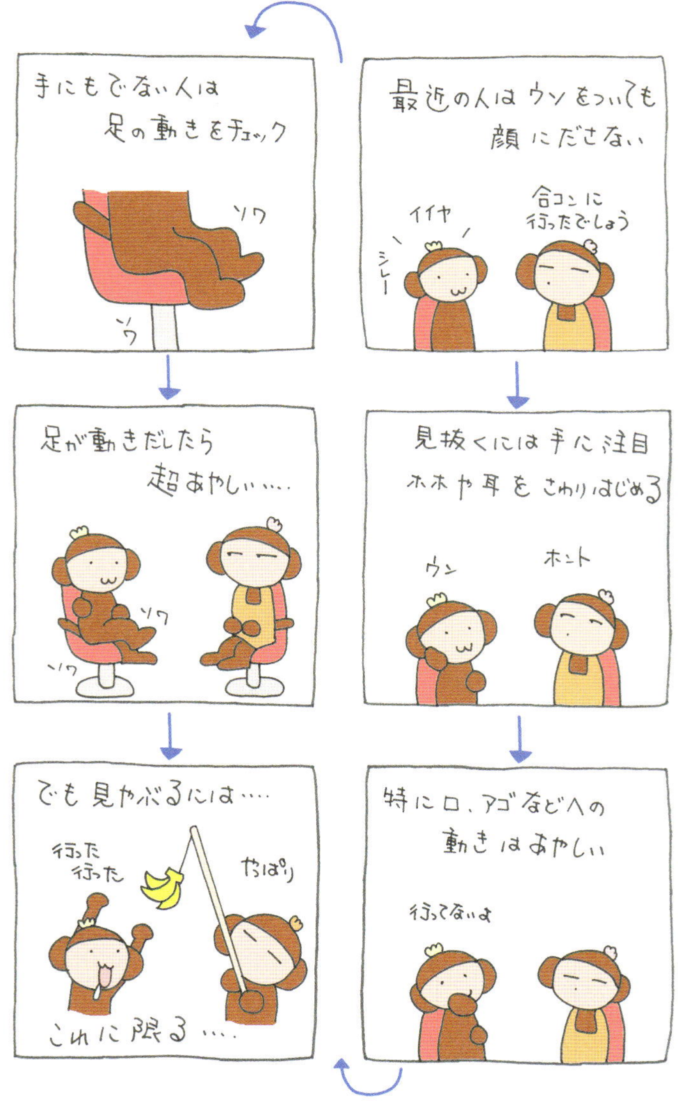
最近の人はウソをついても
顔にださない
合コンに
行ったでしょう
イイヤ
シレー
見抜くには手に注目
ホホや耳をさわりはじめる
ホント
ウン
特に口、アゴなどへの
動きはあやしい
行ってないよ
手にもでない人は
足の動きをチェック
ソワ
ソワ
足が動きだしたら
超あやしい….
ソワ
ソワ
でも見やぶるには….
行った
行った
やっぱり
これに限る….

夫婦ゲンカのテクニック
〜いいたいことをいってケンカにならない方法〜

夫婦がともに生活をしているとケンカをするときがある。このケンカとうまくつき合うのが、夫婦長続きの秘訣といえるだろう。人が怒るのは「不安」「恐れ」の防衛反応、警告反応である（P60）。怒りは「ノルアドレナリン」というホルモンを分泌し、その作用で心拍数や血圧が増加する。その状況を察知した脳が、さらに怒りを増幅する。頭がカーっとなって怒りが増すことはないだろうか？　特に夫婦ゲンカは相手が引かないことも多いので、余計に悪循環になりやすい。すると物にあたったり、暴力にでる人もいる。それで発散することもあるが、余計に怒りが増すこともある。

ではどうすればよいか？　いいたいことをがまんして、黙っているのがよいのだろうか。いや、がまんした感情は不満となって心に残る。それが不信感となって心に累積する。それでは相手への信頼感が崩壊するだけ。そこで「アサーション」（P176）を使う。相手のどんな行動で、結果どういう弊害があって、自分はどう思っているかを伝えるのである。つまり「帰りが遅い！」と怒るのではなく、「連絡をくれないから（行動）、ご飯の用意がムダになった（影響）。いっしょに食べたかったのに私は残念（感情）」ということを伝えるのである。自分の思っていることを相手に伝えるのはとても大事である。それに「あなたは」と話し始めるよりも攻撃的にならず、怒りの本来の目的である警告として機能する。

うまくいく夫婦は、お互いにないものを補完し合える関係。違う意見がでてくるのはあたり前。自分の思っていることを伝え、相手のことも尊重するのが大事。自分のいいたいことを伝えたら笑顔をつくってみよう。そんな言葉は相手の心に深くしみいる。

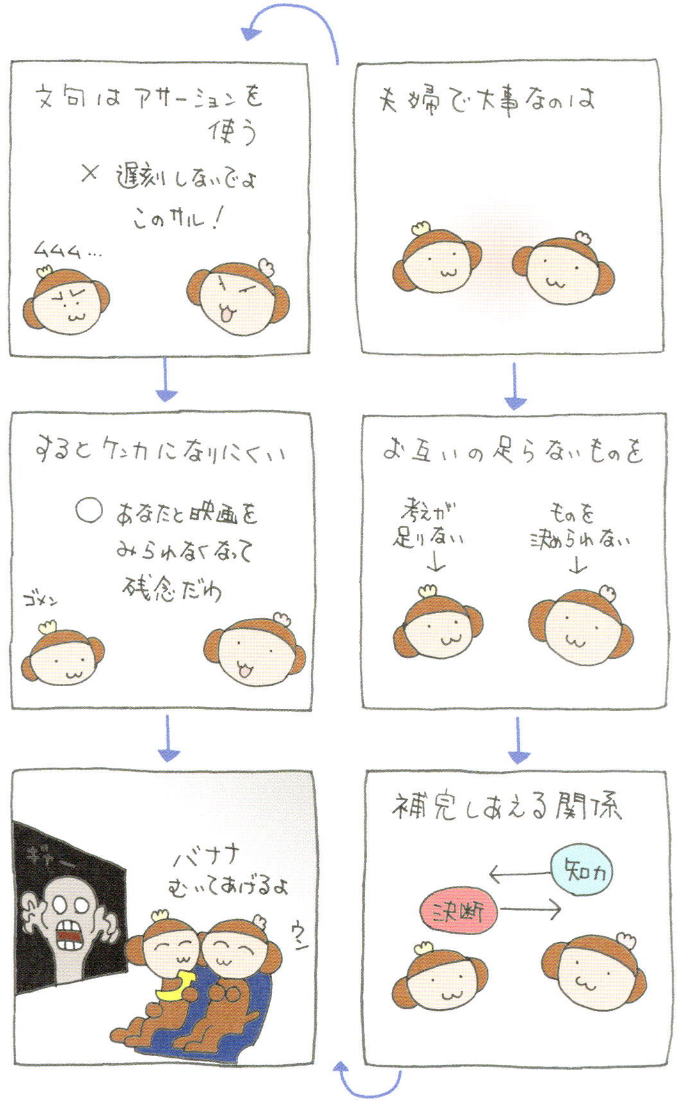
夫婦で大事なのは
お互いの足らないものを
考えが足りない
ものを決められない
補完しあえる関係
知力
決断
文句はアサーションを使う
× 遅刻しないでよ このサル！
ムムム…
するとケンカになりにくい
○ あなたと映画をみられなくなって残念だわ
ゴメン
ギャー
バナナむいてあげるよ
ウン

あとがき

人間は信じやすい生き物だ。血液型占いや星座占いなど当たっているかは別にして、ついつい気になってしまう。それは信じられる要素があれば信じたい、という心理が働くからである。だから、人の信じやすいという性質につけ込むような犯罪が生まれる。「振り込め詐欺」が後をたたないのは、怪しいと感じても信じてしまうからである。

同じように人は、「心理学」というものも抵抗なく受け入れてしまう。本書の心理効果は実験などで裏づけがあるものだが、この実験も絶対の信頼はおけない。条件などが変われば、結果もガラリと変わるからだ。アンケートも、誰に、どのような聞き方で取ったのかで大きく変化する。設問の順番や選択式か記入式か、選択肢の内容、順番などで結果は大きく変わるため、主催者の都合のよいような結果に導くのは、とても簡単なテクニックなのだ。実験もアンケートも、実施の仕方によって信頼がおけない。しかし人は、「アンケート結果」「科学的に」といわれると弱い。ついつい信じてしまう。

また人は、見た目や話し方に影響されやすい。「メラビアンの法則」というものがあり、「見た目が55%、話し方が38%、話の内容が7%」という比率で物事を判断するといわれている。実はこれにも落とし穴がある。本来は「メッセージの送り主が好意・

反発のどちらともとれる情報を送った場合」の話であり、その場合は内容よりも見た目や話し方が判断基準になるということなのである。「体格がいいね」といわれて、「太っている」なのか「がっちりしている」なのかは、相手の表情や話し方で判断するというものだ。条件を説明せずに、「話の内容よりも見た目が重要」と結論づけるのはかなり強引といえる。ところが多くの人や書籍が、都合よくこの数値をもちだす。傾向はとても参考になるが、間違った解釈になることもある。P44のクレッチマーの研究も、本来は心の病をもつ人の傾向分類として行われていたものであり、純粋な性格判断とは異なる。これらの内容を100%うのみにしないで、自分の心を見つめる道具、相手とのコミュニケーションを円滑に進める1つの参考としてとらえてほしい。

大切なのは「当たっている」「当たっていない」ではない。人にはそれぞれ心理的な傾向があるので、それを知って、生活を豊かにしようというものである。心理学を学ぶと相手のことがよくわかる。それは自分を知るきっかけにもなる。

心理学はとても複雑で深い。だからおもしろいといいたい。本書はミホンザルたちがたんに騒いでいるだけの書籍だが、あなたが心についてなにかを感じるきっかけになると幸いだ。

ポーポー・ポロダクション

色彩心理をもっと

マンガでわかる
色のおもしろ心理学

青い車は事故が多い？
子供にみせるとよい色とは？

・企業はどうして青が好き？
・赤ちょうちんに吸い寄せられるわけ
・金庫はなぜ黒い？
・ヘルメットが黄色い理由
・武田信玄の色彩戦略
・白衣高血圧とは？
・色男の色って何色？
・サンタクロースはなぜ赤い？
・緑でなくてなぜビリジアン？

色がもつ効果をマンガでわかりやすく解説

色は、重さを感じさせたり、時間感覚を狂わせたり、食欲を高めたり、眠りに誘ったりといった、さまざまな心理的影響をもたらします。この色彩心理を、マンガでわかりやすく解説。興味ある具体例満載です。

知りたいなら！

マンガでわかる
色のおもしろ心理学2

青い色で簡単ダイエット？
関西人が派手なわけは？

- 色は人の体重にまで影響を与える！
- 色彩力テストで色の総合能力をチェック！
- なんで「赤い」があって「緑い」といわない
- ロマンチックな色のつくり方
- 会議に着ていくとよい色とは
- 日本と韓国なぜ色彩感覚が違う？
- はじめてのデートで着てはいけない服の色
- 好きな色でわかる転職先

第2弾は配色効果！　またまたマンガで大展開

色を組み合わせたときに与える心理効果を、第一弾に続きまたまたマンガで大展開。恋愛や家庭、オフィスで使える心理効果や配色テクニックなど、身近なシーンで役立つ知識がてんこ盛り!

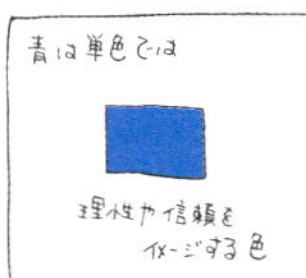

《参考文献》

『『認知心理学の視点』 長縄久生著（ナカニシヤ出版、1997年）

『認知心理学　知のアーキテクチャを探る』 道又爾 他著（有斐閣、2003年）

『人間性の心理学』 宮城音弥著（岩波書店、1968年）

『夢の心理学』 ロザリンド・カートライト&リン・ラムバーグ著（白揚社、1997年）

『新訂　血液型と性格』 大村政男著（福村出版、1998年）

『視知覚の形成2』 鳥居修晃・望月登志子（培風館、1997年）

『涙 ―人はなぜ泣くのか』 ウイリアム・H・フレイII世著（日本教文社、1990年）

『スポーツメンタルトレーニング教本』 日本スポーツ心理学会（大修館書店、2005年）

『脳のなかの幽霊　ふたたび』 V・S・ラマチャンドラン著（角川書店、2005年）

『よくわかる心理学』 渋谷昌三著（西東社、2007年）

『スーパー図解雑学見て分かる心理学』 渋谷昌三監修（ナツメ社、2007年）

『教科書　社会心理学』 小林裕・飛田操編著（北大路書房、2000年）

『脳のなんでも小辞典』 川島隆太著（技術評論社、2004年）

『色の秘密』 野村順一著（ネスコ、文藝春秋、1994年）

『ビレン　色彩学の謎を解く』 フェイバー・ビレン著　佐藤邦夫訳（2003年、青娥書房）

『好きな色嫌いな色の性格判断テスト』 フェイバー・ビレン著　佐藤邦夫訳（青娥書房、2003年）

『第1感「最初の2秒」の「なんとなく」が正しい』 M・グラッドウェル著（光文社、2006年）

《参考論文／解説》

DONALD G. DUTTON AND ARTHUR P. ARON, SOME EVIDENCE FOR HEIGHTENED SEXUAL ATTRACTION UNDER CONDITIONS OF HIGH ANXIETY,
University of British Columbia, Vancouver, Canada.

Harry McGurk and John MacDonald, Hearing lips and seeing voices. Nature, 264, 746-748, 1976

"Face perception in monkeys reared with no exposure to faces"?
戦略的創造研究推進事業 チーム型研究（CREST）／研究代表者：杉田 陽　2007

ポジション別に見たブラジルプロサッカー選手のストレス?
M. Regina F. Brandao & Pedro Winterstein (Brazil) 1999

自己開示の対人魅力に及ぼす効果（1）
中村雅彦　1986

索　引

サイエンス・アイ新書 発刊のことば

「科学の世紀」の羅針盤

20世紀に生まれた広域ネットワークとコンピュータサイエンスによって、科学技術は目を見張るほど発展し、高度情報化社会が訪れました。いまや科学は私たちの暮らしに身近なものとなり、それなくしては成り立たないほど強い影響力を持っているといえるでしょう。

『サイエンス・アイ新書』は、この「科学の世紀」と呼ぶにふさわしい21世紀の羅針盤を目指して創刊しました。情報通信と科学分野における革新的な発明や発見を誰にでも理解できるように、基本の原理や仕組みのところから図解を交えてわかりやすく解説します。科学技術に関心のある高校生や大学生、社会人にとって、サイエンス・アイ新書は科学的な視点で物事をとらえる機会になるだけでなく、論理的な思考法を学ぶ機会にもなることでしょう。もちろん、宇宙の歴史から生物の遺伝子の働きまで、複雑な自然科学の謎も単純な法則で明快に理解できるようになります。

一般教養を高めることはもちろん、科学の世界へ飛び立つためのガイドとしてサイエンス・アイ新書シリーズを役立てていただければ、それに勝る喜びはありません。21世紀を賢く生きるための科学の力をサイエンス・アイ新書で培っていただけると信じています。

2006年10月

※サイエンス・アイ（Science i）は、21世紀の科学を支える情報（Information）、知識（Intelligence）、革新（Innovation）を表現する「i」からネーミングされています。

SB Creative

サイエンス・アイ新書

SIS-070

http://sciencei.sbcr.jp/

マンガでわかる心理学

座席の端に座りたがるのは？ 幼いころの記憶がないのは？

2008年 6 月24日 初版第 1 刷発行
2021年10月20日 初版第17刷発行

著　　者　ポーポー・ポロダクション
発 行 者　小川 淳
発 行 所　SBクリエイティブ株式会社
〒106-0032　東京都港区六本木2-4-5
電話：03-5549-1201（営業部）
装丁・組版　クニメディア株式会社
印刷・製本　図書印刷株式会社

ISBN 978-4-7973-4770-8

SB Creative